全科プリント　小学3年

この本《ほん》の使《つか》い方《かた》

おうちの方《かた》と
いっしょに読《よ》みましょう。

★ 1枚《まい》が1回分《かいぶん》です。1枚ずつ切《き》り取《と》って使《つか》いましょう。

★ 1回分が終《お》わったら答《こた》え合《あ》わせをし，点数《てんすう》をつけましょう。

★ まちがえた問題《もんだい》は，やり直《なお》しましょう。
最初《さいしょ》から100点を取れることよりも，まちがえたところを理解《りかい》することのほうが大事《だいじ》です。

★ 「かくにんテスト」は，学習《がくしゅう》した内容《ないよう》をまとまりごとに復習《ふくしゅう》するテストです。

★ はってんマークのついている問題は，難《むずか》しい問題です。ちょう戦《せん》してみましょう。

★ 英語《えいご》のリスニング🎧マークのついている問題は，音声《おんせい》を聴《き》いて答える問題です。
おうちの人《ひと》のスマートフォン，またはタブレットPCを使って聴いてください。

おうちの方へ

★ 英語の音声再生アプリのご利用方法

スマートフォン，またはタブレットPCから
下記のURL，またはQRコードにアクセスしてください。
https://gakken-ep.jp/extra/myotomo/

※お客様のインターネット環境および携帯端末によりアプリをご利用できない場合や，音声をダウンロード・再生できない場合，当社は責任を負いかねます。ご理解，ご了承いただきますよう，お願いいたします。アプリは無料ですが，通信料はお客様のご負担になります。

★ 答え合わせについて

まちがえた問題は，お子さまが理解できるまで指導してあげてください。
答えのページにある アドバイス を指導の参考にしてください。

★ はってんマークのついた問題について

はってんマークのついた問題は，学習指導要領の範囲をこえた，発展的な学習内容です。
教科書で扱っている発展内容を中心に掲載しています。

かけ算①

目標《もくひょう》時間 15分

学習《がくしゅう》した日　月　日

名前

とく点

100点まん点

答え ▶ 106ページ

1 □にあてはまる数を書きましょう。　1つ4点【24点】

① 4×8は，4×7より □ 大きい。

② 7×4は，7×5より □ 小さい。

③ $3\times4=3\times3+\square$

④ $9\times8=9\times9-\square$

⑤ $2\times7=7\times\square$　　⑥ $6\times8=\square\times6$

2 計算をしましょう。　1つ4点【32点】

① 3×10　　② 5×10

③ 7×10　　④ 9×10

⑤ 10×2　　⑥ 10×6

⑦ 10×8　　⑧ 10×10

3 □にあてはまる数を書きましょう。　1つ4点【24点】

① $3\times\square=15$　　② $6\times\square=42$

③ $8\times\square=24$　　④ $\square\times5=40$

⑤ $\square\times7=63$　　⑥ $\square\times9=54$

4 次《つぎ》のかけ算を，かけられる数を10といくつに分けて，くふうして計算しましょう。　1つ5点【10点】

① 12×5　　② 15×7

5 10人でつるをおります。1人が4わずつおると，つるは全部《ぜんぶ》で何わできますか。　式5点，答え5点【10点】

（式《しき》）

答え

算数 2

かけ算②

目標時間《もくひょう》 15 分

学習《がくしゅう》した日　　月　　日

名前

とく点

100点まんてん

答え ▶ 106ページ

1 次《つぎ》の㋐～㋕のうち，答えが0になる式《しき》を2つえらんで，記号《きごう》で答えましょう。　1つ5点【10点】

㋐　2＋0	㋑　1－0	㋒　2×0
㋓　0＋1	㋔　0×1	㋕　1×1

（　　　　），（　　　　）

2 計算をしましょう。　1つ4点【40点】

① 4×0　　② 0×6

③ 0×5　　④ 7×0

⑤ 0×8　　⑥ 0×10

⑦ 9×0　　⑧ 1×0

⑨ 10×0　　⑩ 0×0

3 ともみさんがおはじき入れをしたら，下の表《ひょう》のようになりました。　1つ5点【25点】

入ったところ	5点	3点	1点	0点
入った数(こ)	2	0	4	3
とく点(点)				

① 5点から0点までのところのとく点をもとめて，上の表に書き入れましょう。

② ともみさんのとく点の合計は何点ですか。

（　　　　）

4 おはじき入れをしました。しんじさんのとく点は，下の式でもとめられるそうです。　1つ5点【25点】

〔 5×0　　3×5　　1×3　　0×2 〕

① どこに何こ入ったか，下の表に数を書き入れましょう。

入ったところ	5点	3点	1点	0点
入った数(こ)				

② しんじさんのとく点の合計は何点ですか。

（　　　　）

目標《もくひょう》時間 15分

学習《がくしゅう》した日　　月　　日

名前

とく点

100点まん点

答え ▷ 106ページ

算数 3

時こくと時間

1 □にあてはまる数を書きましょう。　1つ8点【16点】

① 1分＝□秒《びょう》　　② 1分20秒＝□秒

2 次《つぎ》の時こくをもとめましょう。　1つ8点【16点】

① 午前9時40分から30分後の時こく

（　　　　　　）

② 午後4時10分から50分前の時こく

（　　　　　　）

3 次の時間をもとめましょう。　1つ8点【24点】

① 午後2時30分から午後3時20分までの時間

（　　　　　　）

② 午前9時10分から午前11時までの時間

（　　　　　　）

③ 1時間40分と50分をあわせた時間

（　　　　　　）

4 □にあてはまる，時間のたんいを書きましょう。　1つ8点【24点】

① 家から学校まで行くのにかかる時間…10□

② 紙ひこうきがとんでいた時間……………5□

③ 野球《やきゅう》のしあいをしていた時間…………2□

5 さとみさんの家からデパートまでは，40分かかります。午前10時10分にデパートに着《つ》くには，何時何分に家を出ればよいですか。　【10点】

（　　　　　　）

6 神社《じんじゃ》のかいだんを上るのに，ゆうきさんは2分30秒かかり，たくみさんは140秒かかりました。どちらがはやく上りましたか。　【10点】

（　　　　　　）

算数

4 わり算①

目標《もくひょう》時間 15 分

学習《がくしゅう》した日　　月　　日

名前

とく点

100 点 まん点

答え ▶ 106ページ

1 次《つぎ》のわり算の答えは，何のだんの九九で見つけられますか。　1つ2点【4点】

① 40÷5　　② 40÷8

(　　　のだんの九九)　　(　　　のだんの九九)

2 計算をしましょう。　1つ4点【56点】

① 30÷6　　② 14÷2

③ 15÷5　　④ 8÷4

⑤ 21÷3　　⑥ 54÷9

⑦ 28÷7　　⑧ 72÷8

⑨ 4÷2　　⑩ 24÷4

⑪ 42÷6　　⑫ 64÷8

⑬ 36÷9　　⑭ 56÷7

3 花が32本あります。　式5点，答え5点【20点】

① 8人に同じ数ずつ分けると，1人分は何本になりますか。

(式《しき》)

答え ＿＿＿＿＿＿＿＿

② 1人に4本ずつ分けると，何人に分けられますか。

(式)

答え ＿＿＿＿＿＿＿＿

4 27cmのテープがあります。このテープを同じ長さに3本に切ると，1本分の長さは何cmになりますか。　式5点，答え5点【10点】

(式)

答え ＿＿＿＿＿＿＿＿

5 1週間は7日間です。49日間は何週間ですか。　式5点，答え5点【10点】

(式)

答え ＿＿＿＿＿＿＿＿

算数 5

わり算②

目標時間《もくひょう じかん》 15 分

学習《がくしゅう》した日　月　日

名前

とく点

100点まんてん

答え ▶ 106ページ

1 魚つりで，つれた魚を5人で同じ数ずつ分けます。次《つぎ》のとき，1人分は何びきになりますか。　式5点，答え5点【20点】

① 5ひきつれたとき

（式《しき》）

答え＿＿＿＿＿＿

② 1ぴきもつれなかったとき

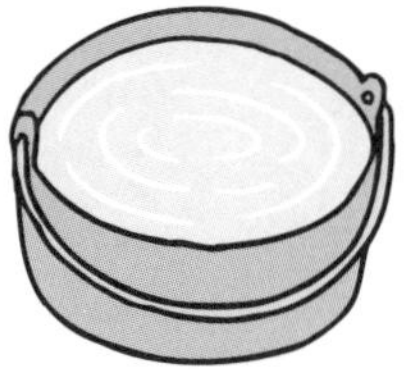

（式）

答え＿＿＿＿＿＿

2 計算をしましょう。　1つ5点【40点】

① 4÷4　　② 0÷3

③ 7÷1　　④ 9÷9

⑤ 0÷8　　⑥ 6÷1

⑦ 1÷1　　⑧ 0÷1

3 画用紙が8まいあります。1人に1まいずつ分けると，何人に分けられますか。　式5点，答え5点【10点】

（式）

答え＿＿＿＿＿＿

4 9dLのジュースを1dLずつコップに入れると，コップは何こいりますか。　式8点，答え7点【15点】

（式）

答え＿＿＿＿＿＿

5 7こで56円のキャンディーがあります。このキャンディー9この代金《だいきん》は，いくらになりますか。　式8点，答え7点【15点】

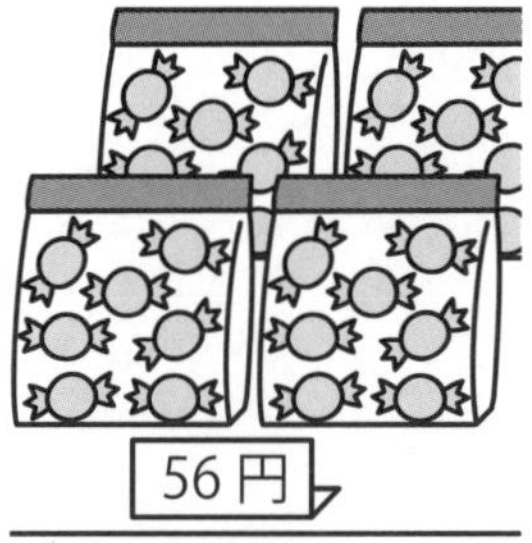

（式）

答え＿＿＿＿＿＿

算数 6

わり算③

目標《もくひょう》時間 15 分

学習《がくしゅう》した日　月　日

名前

とく点

100点まんてん

答え ▶ 107ページ

1 計算をしましょう。 1つ6点【60点】

① 18÷3　　② 25÷5

③ 36÷4　　④ 12÷2

⑤ 49÷7　　⑥ 27÷9

⑦ 48÷8　　⑧ 54÷6

⑨ 5÷1　　⑩ 0÷6

2 次《つぎ》の問題《もんだい》文にあう図の(　)に○をつけましょう。 【10点】

> みかんが9こあります。3人で同じ数ずつ分けると，1人分は何こになりますか。

㋐

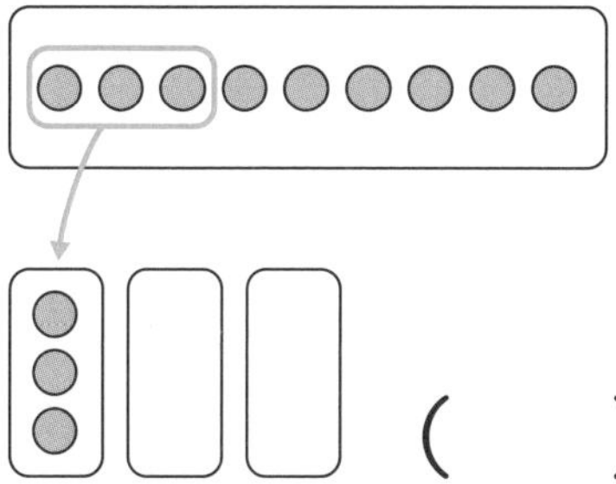

(　　)

㋑

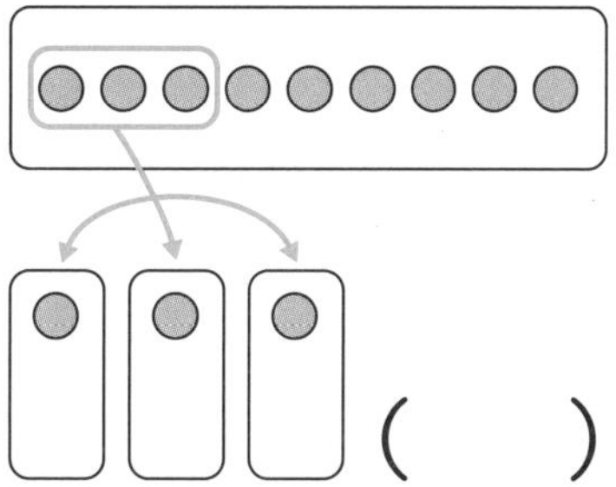

(　　)

3 さつまいもが35本あります。5人で同じ数ずつ分けると，1人分は何本になりますか。 式5点，答え5点【10点】

(式《しき》)

答え ＿＿＿＿＿＿

4 つみ木が24こあります。1回に6こずつ運《はこ》ぶとすると，全部《ぜんぶ》運ぶのに何回かかりますか。 式5点，答え5点【10点】

(式)

答え ＿＿＿＿＿＿

5 カードが63まいあります。1人に7まいずつ分けると，何人に分けられますか。 式5点，答え5点【10点】

(式)

答え ＿＿＿＿＿＿

算数 7

大きい数のわり算

目標時間《もくひょう》 15 分

学習《がくしゅう》した日　月　日

名前

とく点

100点まんてん

答え ▶ 107ページ

算数

1 計算をしましょう。　1つ3点【60点】

① 30÷3　② 50÷5

③ 40÷2　④ 60÷3

⑤ 70÷7　⑥ 80÷2

⑦ 60÷2　⑧ 90÷3

⑨ 44÷4　⑩ 26÷2

⑪ 39÷3　⑫ 66÷6

⑬ 48÷2　⑭ 69÷3

⑮ 77÷7　⑯ 64÷2

⑰ 88÷4　⑱ 86÷2

⑲ 96÷3　⑳ 88÷8

2 シールが60まいあります。6人で同じ数ずつ分けると，1人分は何まいになりますか。　式7点，答え7点【14点】

（式《しき》）

答え ＿＿＿＿＿＿

3 75本のバラを5本ずつのたばにすると，何たばできますか。　式6点，答え6点【12点】

（式）

答え ＿＿＿＿＿＿

4 メロン48こを，1箱《はこ》に4こずつ入れます。何箱できますか。　式7点，答え7点【14点】

（式）

答え ＿＿＿＿＿＿

目標《もくひょう》時間 15 分

学習《がくしゅう》した日　月　日

名前

とく点

100点まんてん

答え ▶ 107ページ

円と球

1 右の図で，点アは円の中心《ちゅうしん》です。　1つ10点【20点】

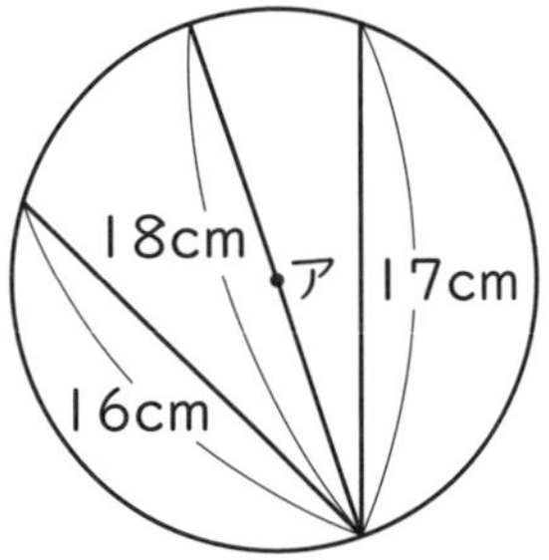

① この円の直径《ちょっけい》の長さは何cmですか。

(　　　　)

② この円の半径《はんけい》の長さは何cmですか。

(　　　　)

2 右の図は，球《きゅう》を半分に切ったものです。　1つ5点【20点】

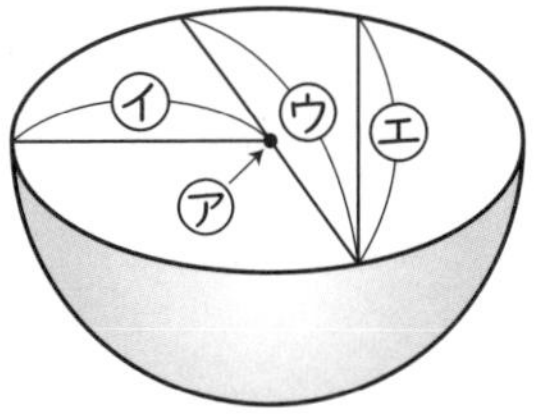

① 切り口の形はどんな形ですか。

(　　　　)

② 中心はどれですか。㋐～㋓の記号《きごう》で答えましょう。

(　　　　)

③ 半径はどれですか。㋐～㋓の記号で答えましょう。

(　　　　)

④ この球の直径の長さが12cmのとき，半径の長さは何cmですか。

(　　　　)

3 コンパスを使《つか》って，次《つぎ》の円をかきましょう。　1つ10点【20点】

① 半径2cmの円

② 直径3cmの円

4 下の㋐の線と㋑の線ではどちらが長いですか。　【20点】

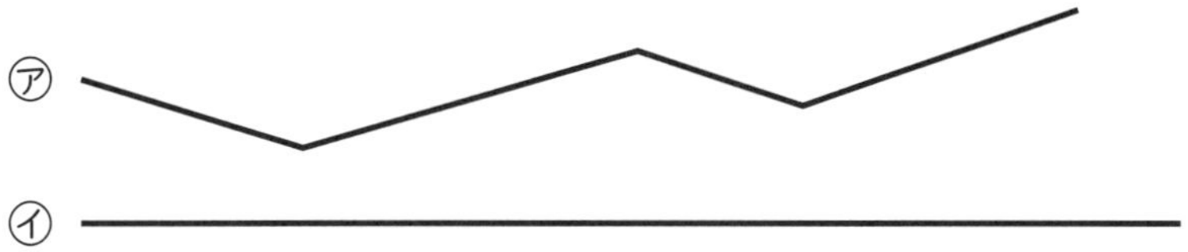

(　　　　)

5 下の図のように，箱《はこ》の中に同じボールが8こきちんと入っています。　1つ10点【20点】

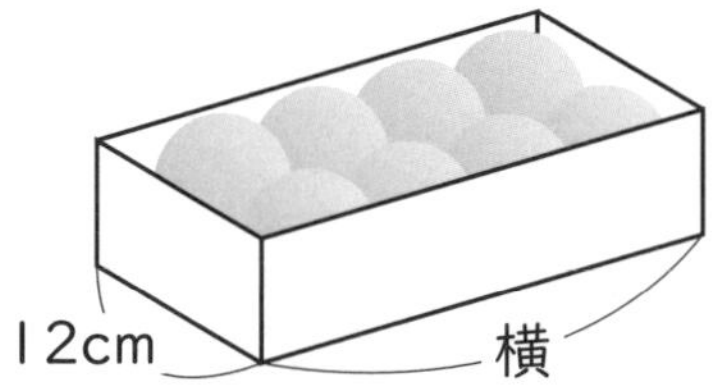

① ボールの半径は何cmですか。

(　　　　)

② 箱の横《よこ》の長さは何cmですか。

(　　　　)

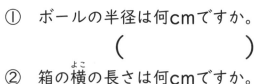

たし算の筆算《ひっさん》

目標時間《もくひょう》 15分

学習《がくしゅう》した日　月　日

名前

とく点

100点まんてん

答え ▶ 107ページ

1 計算をしましょう。

1つ4点【60点】

① 562
+123

② 430
+ 57

③ 137
+628

④ 293
+260

⑤ 715
+ 65

⑥ 396
+307

⑦ 295
+546

⑧ 493
+317

⑨ 554
+248

⑩ 308
+ 98

⑪ 629
+856

⑫ 567
+972

⑬ 508
+647

⑭ 782
+569

⑮ 62
+938

2 筆算《ひっさん》でしましょう。

1つ4点【12点】

① 360＋65　② 174＋496　③ 669＋808

3 125円ののりと，485円のクレヨンを買います。代金《だいきん》はいくらになりますか。

式7点，答え7点【14点】

（式《しき》）

答え

4 コピー用紙を46まい使《つか》ったので，のこりが374まいになりました。コピー用紙ははじめに何まいありましたか。

式7点，答え7点【14点】

（式）

答え

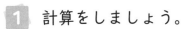

算数 10

ひき算の筆算《ひっさん》

目標時間《もくひょう》 15 分

学習《がくしゅう》した日　月　日

名前

とく点

100点まん点

答え ▶ 107ページ

1 計算をしましょう。　1つ4点【60点】

① 586 − 240　② 895 − 655　③ 743 − 127

④ 639 − 243　⑤ 280 − 237　⑥ 506 − 23

⑦ 810 − 9　⑧ 751 − 387　⑨ 582 − 484

⑩ 920 − 54　⑪ 800 − 136　⑫ 403 − 398

⑬ 606 − 58　⑭ 1000 − 374　⑮ 1002 − 64

2 筆算《ひっさん》でしましょう。　1つ4点【12点】

① 709−282　② 843−96　③ 701−4

3 しんごさんの学校のじどう数は，614人です。そのうち，女の子は317人です。男の子は何人いますか。　式7点，答え7点【14点】

（式《しき》）

答え

4 きのう水族館《すいぞくかん》に来た人は，625人でした。今日来た人は，きのうより87人少なかったそうです。今日水族館に来た人は何人ですか。　式7点，答え7点【14点】

（式）

答え

答え ▶ 108ページ

4けたの数の筆算《ひっさん》

1 計算をしましょう。　1つ4点【36点】

① 1380
　+ 326

② 2632
　+ 784

③ 2947
　+ 56

④ 3428
　+4674

⑤ 3945
　+4548

⑥ 1942
　− 456

⑦ 2794
　− 697

⑧ 8062
　−5642

⑨ 4529
　− 596

2 筆算《ひっさん》でして，答えのたしかめもしましょう。　1つ4点【16点】

① 2346+695　（筆算）　（たしかめ）

② 8465−3566　（筆算）　（たしかめ）

3 ブラウスは1460円です。スカートはブラウスより570円高いです。スカートはいくらですか。
式6点，答え6点【12点】

（式《しき》）

答え

4 みさきさんは2000円持《も》っています。1160円のペンケースを買うと，のこりはいくらになりますか。
式6点，答え6点【12点】

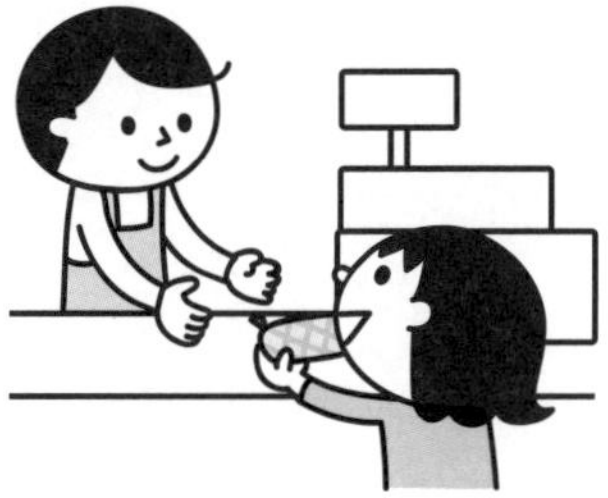

（式）

答え

はってん

5 計算をしましょう。　1つ4点【24点】

① 21760
　+35794

② 60319
　+29857

③ 6278
　+54963

④ 53426
　−21783

⑤ 38216
　−27837

⑥ 75013
　− 4748

算数 12

あまりのあるわり算①

目標《もくひょう》時間 15分

学習《がくしゅう》した日　月　日

名前

とく点

100点まんてん

答え ▶ 108ページ

1 次《つぎ》のわり算で，わりきれるものには○を，わりきれないものには△を書きましょう。 1つ3点【12点】

① 18÷6 (　　)　② 26÷4 (　　)

③ 24÷3 (　　)　④ 45÷7 (　　)

2 計算をしましょう。 1つ4点【56点】

① 11÷5　② 14÷3

③ 27÷6　④ 17÷2

⑤ 37÷7　⑥ 18÷4

⑦ 57÷9　⑧ 45÷8

⑨ 30÷4　⑩ 20÷3

⑪ 52÷6　⑫ 54÷7

⑬ 24÷9　⑭ 54÷8

3 かきが32こあります。このかきを1人に5こずつ分けると，何人に分けられて，何こあまりますか。 式5点，答え5点【10点】

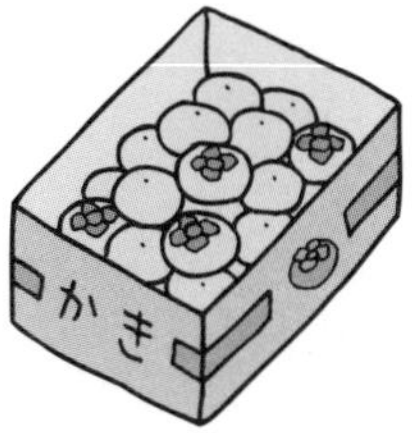

(式《しき》)

答え

4 長さが26mのはり金があります。このはり金を3mずつ切っていくと，3mのはり金は何本とれて，何mあまりますか。 式5点，答え5点【10点】

(式)

答え

5 30このパンを，7つのふくろに同じ数ずつ入れます。1ふくろに何こずつ入って，何こあまりますか。 式6点，答え6点【12点】

(式)

答え

算数 13

あまりのあるわり算②

目標時間《もくひょう》 15 分

学習《がくしゅう》した日　月　日

名前

とく点

100点まんてん

答え ▶ 108ページ

1 計算をして，答えのたしかめもしましょう。　1つ4点【48点】

① 22÷5

たしかめ

(　　　　　　)

② 25÷3

たしかめ

(　　　　　　)

③ 24÷7

たしかめ

(　　　　　　)

④ 32÷9

たしかめ

(　　　　　　)

⑤ 50÷6

たしかめ

(　　　　　　)

⑥ 63÷8

たしかめ

(　　　　　　)

2 次《つぎ》の計算が正しければ○を，まちがっていれば正しい答えを(　　)に書きましょう。　1つ4点【16点】

① 15÷2＝8あまり1

(　　　　　　)

② 38÷4＝9あまり2

(　　　　　　)

③ 37÷6＝5あまり7

(　　　　　　)

④ 26÷9＝2あまり8

(　　　　　　)

3 11人の子どもが，2人乗《の》りのゴーカートに乗ります。みんな乗るには，ゴーカートは何台いりますか。　式6点，答え6点【12点】

(式《しき》)

答え＿＿＿＿＿＿

4 さとるさんは60円持《も》っています。1まい8円の画用紙は，何まい買えますか。　式6点，答え6点【12点】

(式)

答え＿＿＿＿＿＿

5 62ページの本があります。1日に7ページずつ読んでいくとすると，何日で読み終《お》わりますか。　式6点，答え6点【12点】

(式)

答え＿＿＿＿＿＿

算数 14

あまりのあるわり算③

目標《もくひょう》時間 15 分

学習《がくしゅう》した日　　月　　日

名前

とく点

100点まんてん

答え ▶ 108ページ

1 計算をしましょう。　1つ3点【36点】

① 9÷2　② 33÷5

③ 22÷4　④ 25÷7

⑤ 8÷3　⑥ 68÷9

⑦ 40÷6　⑧ 20÷8

⑨ 31÷4　⑩ 23÷6

⑪ 52÷8　⑫ 34÷9

2 計算をして，答えのたしかめもしましょう。　1つ4点【32点】

① 17÷3
たしかめ
(　　　　　　)

② 43÷5
たしかめ
(　　　　　　)

③ 40÷7
たしかめ
(　　　　　　)

④ 51÷9
たしかめ
(　　　　　　)

3 次《つぎ》の計算が正しければ○を，まちがっていれば正しい答えを(　　)に書きましょう。　1つ4点【8点】

① 13÷2＝5あまり3　② 14÷5＝3あまり1

(　　　　　　)　(　　　　　　)

4 花が32本あります。6本ずつ花たばにすると，花たばは何たばできて，何本あまりますか。　式6点，答え6点【12点】

(式《しき》)

答え

5 1まいの画用紙から，カードを8まい作ります。カードを60まい作るには，画用紙は何まいいりますか。　式6点，答え6点【12点】

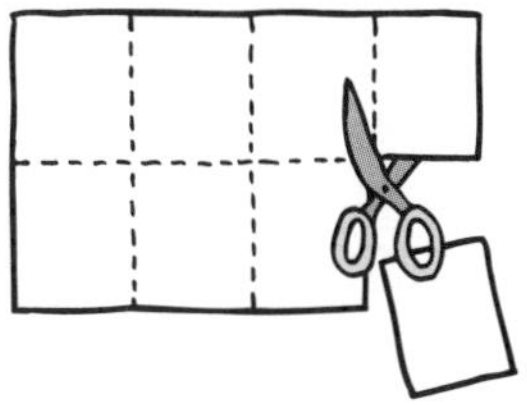

(式)

答え

算数 15 かくにんテスト①

目標《もくひょう》時間 15分

学習《がくしゅう》した日　　月　　日

名前

とく点　　100点まん点

答え ▶ 109ページ

1 計算をしましょう。　1つ4点【8点】

① 6×10　　② 0×3

2 時こくと時間をもとめましょう。　1つ6点【12点】

① 午後3時20分から50分後の時こく

(　　　　　　　)

② 午前9時30分から午前10時15分までの時間

(　　　　　　　)

3 計算をしましょう。　1つ4点【24点】

① 32÷4　　② 30÷5

③ 57÷6　　④ 64÷9

⑤ 36÷3　　⑥ 88÷8

4 □にあてはまる数を書きましょう。　1つ6点【12点】

① 半径《はんけい》6cmの円の直径《ちょっけい》の長さは□cmです。

② 直径14cmの球《きゅう》の半径の長さは□cmです。

5 計算をしましょう。　1つ4点【24点】

① 184 ＋767

② 985 ＋195

③ 4836 ＋ 164

④ 761 －291

⑤ 902 －827

⑥ 2034 － 596

6 23人の子どもが，3人乗《の》りのボートに乗ります。みんなが乗るには，ボートは何そういりますか。

式5点，答え5点【10点】

(式《しき》)

答え

7 畑《はたけ》にたねを346こまきました。あと179こまくと，全《ぜん》部《ぶ》で何こになりますか。

式5点，答え5点【10点】

(式)

答え

算数 16

大きい数①

1 次《つぎ》の数の読み方で，正しいものの記号《きごう》を書きましょう。 【6点】

5037800

(　　　)

㋐ 五百三十七万八百
㋑ 五百三万七千八百
㋒ 五百三十万七千八百

2 次の数を数字で書きましょう。 1つ6点【42点】

① 三万五百七十六
(　　　　　　)

② 百九十三万八千十七
(　　　　　　)

③ 五十万四千七百
(　　　　　　)

④ 三千七十二万六千四
(　　　　　　)

⑤ 10万を6こ集《あつ》めた数
(　　　　　　)

⑥ 100万を4こ，10万を8こ，1万を7こ，1000を6こあわせた数
(　　　　　　)

⑦ 1000万を8こ，1万を6こ，100を5こ，10を2こあわせた数
(　　　　　　)

3 □にあてはまる数字を書きましょう。 1つ5点【20点】

① 625038の，一万の位《くらい》の数字は□，十万の位の数字は□です。

② 30197000の，百万の位の数字は□，千万の位の数字は□です。

4 次の数を数字で書きましょう。 1つ6点【12点】

① 1000を20こ集めた数
(　　　　　　)

② 1000を46こ集めた数
(　　　　　　)

5 次の数は，1000を何こ集めた数ですか。 1つ5点【20点】

① 10000
(　　　　)

② 50000
(　　　　)

③ 74000
(　　　　)

④ 680000
(　　　　)

大きい数②

目標時間《もくひょう》 15 分

学習《がくしゅう》した日　　月　　日

名前

とく点

100点 まん点

答え ▶ 109ページ

1 下の数直線《すうちょくせん》で，㋐，㋑のめもりが表《あらわ》す数を書きましょう。

1つ7点【28点】

①

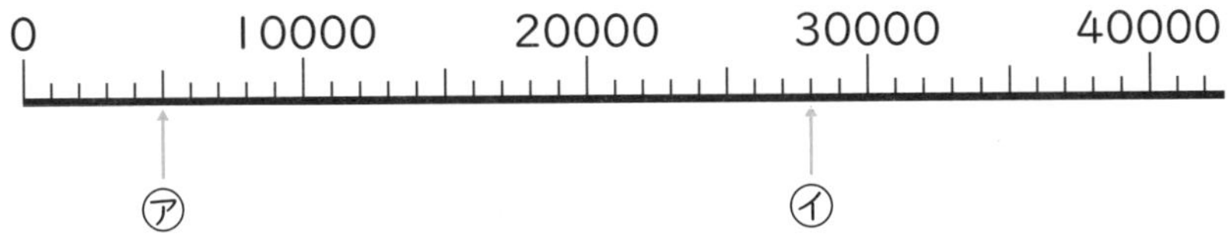

㋐(　　　　　　)　㋑(　　　　　　)

②

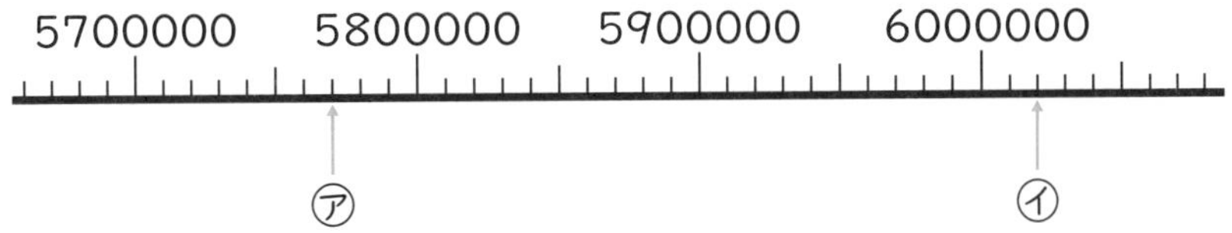

㋐(　　　　　　)　㋑(　　　　　　)

2 次《つぎ》の数を数字で書きましょう。

1つ6点【18点】

① 810000より100小さい数

(　　　　　　)

② 1000万を10こ集《あつ》めた数

(　　　　　　)

③ 1億《おく》より50万小さい数

(　　　　　　)

3 □にあてはまる，等号《とうごう》，不等号《ふとうごう》を書きましょう。

1つ6点【18点】

① 70000 □ 90000

② 100000 □ 60000＋40000

③ 800万－200万 □ 500万

4 次の数を10倍《ばい》した数を書きましょう。

1つ4点【12点】

① 28　② 730　③ 402

(　　　　)　(　　　　)　(　　　　)

5 次の数を100倍した数を書きましょう。

1つ4点【12点】

① 30　② 560　③ 800

(　　　　)　(　　　　)　(　　　　)

6 次の数を10でわった数を書きましょう。

1つ4点【12点】

① 90　② 660　③ 7000

(　　　　)　(　　　　)　(　　　　)

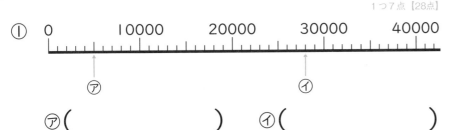

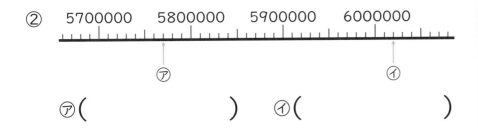

算数 18

大きい数③

目標時間《もくひょうじかん》 15 分

学習《がくしゅう》した日　　月　　日

名前

とく点

100点まんてん

答え ▶ 109ページ

1 次《つぎ》の数を数字で書きましょう。　1つ6点【30点】

① 四千八百六十万九千三百　　② 一億《おく》

(　　　　　　)　(　　　　　　)

③ 100万を5こ，10万を1こ，1万を3こ，1000を8こあわせた数　(　　　　　　)

④ 1000万を2こ，1万を7こ，100を5こあわせた数　(　　　　　　)

⑤ 1000を38こ集《あつ》めた数　(　　　　　　)

2 右の数について答えましょう。　1つ4点【16点】

853000

① 一万の位《くらい》と，十万の位の数字は，それぞれ何ですか。

一万の位 (　　　　)　十万の位 (　　　　)

② 1万を何こと，3000をあわせた数ですか。　(　　　　　　)

③ 1000を何こ集めた数ですか。　(　　　　　　)

3 下の数直線《すうちょくせん》で，㋐，㋑のめもりが表《あらわ》す数を書きましょう。　1つ5点【10点】

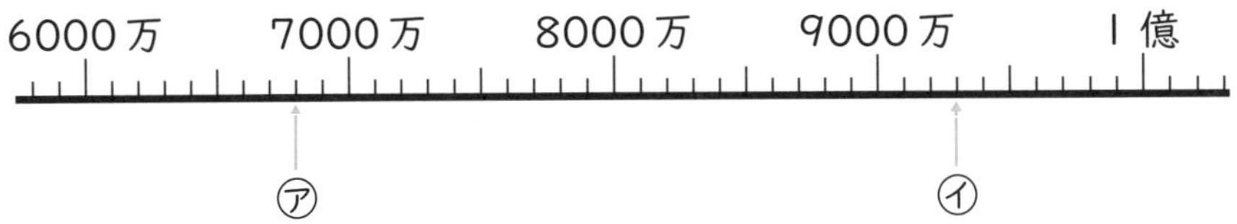

㋐(　　　　　　)　㋑(　　　　　　)

4 次の数を書きましょう。　1つ4点【12点】

① 290を100倍《ばい》した数　(　　　　　　)

② 40を1000倍した数　(　　　　　　)

③ 870を10でわった数　(　　　　　　)

5 計算をしましょう。　1つ4点【32点】

① 8000＋5000　　② 400000＋20000

③ 13000－7000　　④ 360000－60000

⑤ 7万＋5万　　⑥ 18万＋9万

⑦ 14万－6万　　⑧ 21万－7万

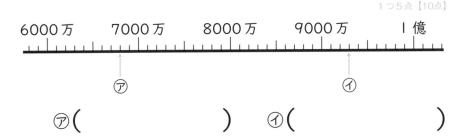

答え▶109ページ

算数 19 (2けた)×(1けた)の筆算《ひっさん》

1 計算をしましょう。　1つ3点【12点】

① 20×4　② 80×7

③ 300×2　④ 600×5

2 計算をしましょう。　1つ4点【48点】

① $\begin{array}{r} 23 \\ \times\ \ 3 \\ \hline \end{array}$　② $\begin{array}{r} 40 \\ \times\ \ 2 \\ \hline \end{array}$　③ $\begin{array}{r} 24 \\ \times\ \ 4 \\ \hline \end{array}$

④ $\begin{array}{r} 13 \\ \times\ \ 6 \\ \hline \end{array}$　⑤ $\begin{array}{r} 71 \\ \times\ \ 5 \\ \hline \end{array}$　⑥ $\begin{array}{r} 62 \\ \times\ \ 4 \\ \hline \end{array}$

⑦ $\begin{array}{r} 47 \\ \times\ \ 5 \\ \hline \end{array}$　⑧ $\begin{array}{r} 72 \\ \times\ \ 8 \\ \hline \end{array}$　⑨ $\begin{array}{r} 67 \\ \times\ \ 7 \\ \hline \end{array}$

⑩ $\begin{array}{r} 38 \\ \times\ \ 3 \\ \hline \end{array}$　⑪ $\begin{array}{r} 26 \\ \times\ \ 9 \\ \hline \end{array}$　⑫ $\begin{array}{r} 85 \\ \times\ \ 6 \\ \hline \end{array}$

3 筆算《ひっさん》でしましょう。　1つ4点【12点】

① 38×2　② 68×4　③ 25×8

4 あめが24こ入ったふくろが6ふくろあります。あめは全部《ぜんぶ》で何こありますか。　式6点，答え6点【12点】

(式《しき》)

答え

5 1箱《はこ》に48さつの本が入った箱が7箱あります。本は全部で何さつありますか。　式8点，答え8点【16点】

(式)

答え

算数 20

(3けた)×(1けた)の筆算《ひっさん》

目標時間《もくひょう》 15分

学習《がくしゅう》した日　月　日

名前

とく点

100点まんてん

答え ▶ 110ページ

1 計算をしましょう。　1つ4点【48点】

① 312×3

② 243×2

③ 215×4

④ 382×2

⑤ 174×5

⑥ 269×3

⑦ 720×4

⑧ 809×2

⑨ 651×7

⑩ 864×8

⑪ 324×9

⑫ 825×4

2 筆算《ひっさん》でしましょう。　1つ4点【12点】

① 309×2　② 273×8　③ 835×6

3 □にあてはまる数を書きましょう。　1つ4点【8点】

① (60×4)×2＝60×(4×□)

② (48×3)×3＝□×(3×3)

4 くふうして計算しましょう。　1つ4点【8点】

① 80×2×3　② 39×2×5

5 1さつ138円のノートを6さつ買います。代金《だいきん》はいくらになりますか。　式6点，答え6点【12点】

(式《しき》)

答え

6 かざりを1つ作るのに，ビーズを286こ使《つか》います。このかざりを4つ作るには，ビーズは何こあればよいですか。　式6点，答え6点【12点】

(式)

答え

長い長さ

目標時間《もくひょうじかん》 15 分

学習《がくしゅう》した日　月　日

名前

とく点

100点まんてん

答え ▶ 110ページ

1 下のまきじゃくで，㋐，㋑のめもりが表《あらわ》す長さを書きましょう。　1つ8点【32点】

①

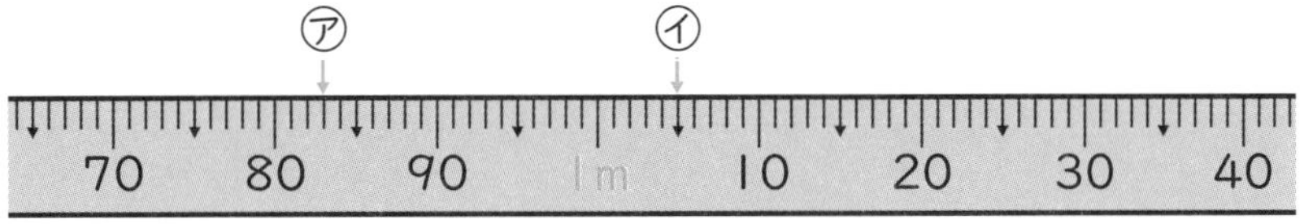

㋐(　　　　)　㋑(　　　　)

②

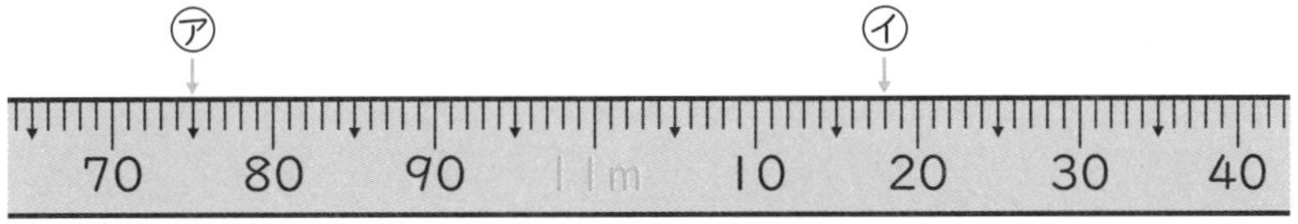

㋐(　　　　)　㋑(　　　　)

2 □にあてはまる数を書きましょう。　1つ6点【30点】

① 2km＝□m　② 5000m＝□km

③ 1km500m＝□m

④ 4700m＝□km□m　(両方《りょうほう》できて6点)

⑤ 6km30m＝□m

3 □にあてはまる，長さのたんいを書きましょう。　1つ6点【18点】

① むねのまわりの長さ……………………………61□

② 自転車《じてんしゃ》で1時間に走った道のり…………15□

③ 竹の高さ…………………………………………15□

4 右の絵地図を見て答えましょう。　①1つ6点，②8点【20点】

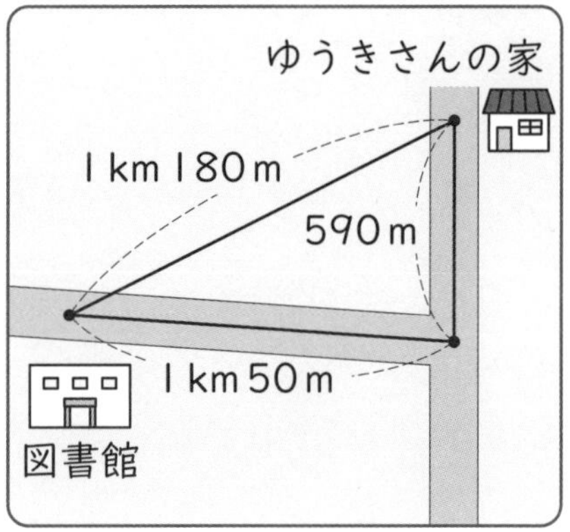

① ゆうきさんの家から図書館《かん》までのきょりと道のりは，それぞれ何km何mですか。

きょり(　　　　)

道のり(　　　　)

② ゆうきさんの家から図書館までの道のりときょりのちがいは何mですか。

(　　　　)

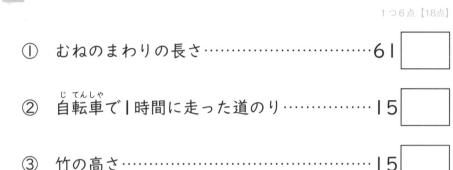

算数

22 小数の表《あらわ》し方としくみ

目標時間《もくひょう》 15 分

学習《がくしゅう》した日　　月　　日

名前

とく点

100点まんてん

答え ▶ 110ページ

算数

1 次《つぎ》の水のかさは何Lですか。小数で答えましょう。　1つ5点【10点】

①

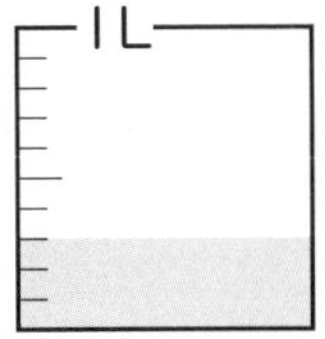

（　　　　）

②

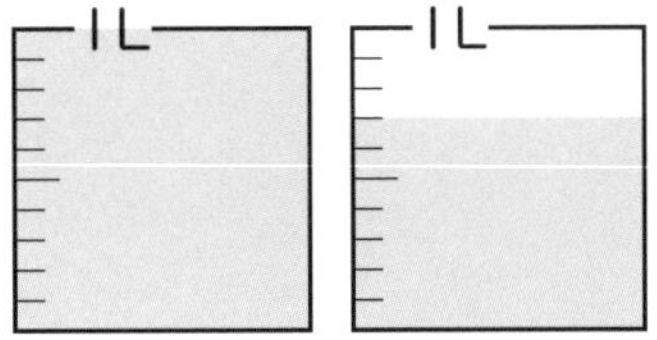

（　　　　）

2 □にあてはまる数を書きましょう。　1つ5点【15点】

① 6dL＝□L　　② 2m50cm＝□m

③ 3.9L＝□L□dL （両方《りょうほう》できて5点）

3 下の数直線で，㋐，㋑，㋒，㋓のめもりが表《あらわ》す長さは何mですか。小数で答えましょう。　1つ5点【20点】

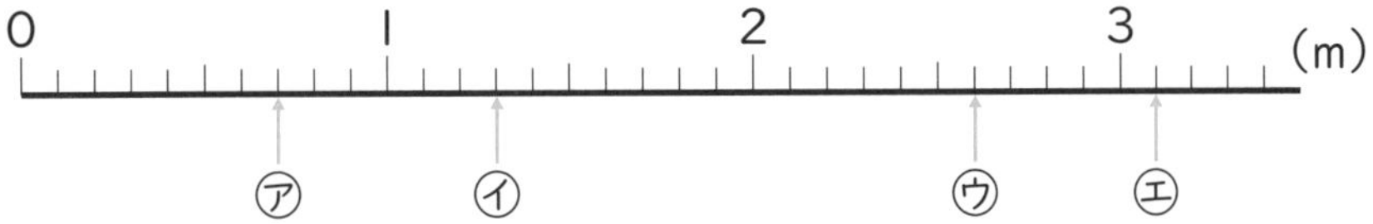

㋐（　　　　）　㋑（　　　　）

㋒（　　　　）　㋓（　　　　）

4 次の数を書きましょう。　1つ5点【15点】

① 3と0.4をあわせた数　（　　　　）

② 1を2こと，0.1を6こあわせた数　（　　　　）

③ 0.1を48こ集《あつ》めた数　（　　　　）

5 □にあてはまる数を書きましょう。　1つ5点【10点】

① 3.7は0.1を□こ集めた数です。

② 4.5は，1を□こ，0.1を□こあわせた数です。 （両方《りょうほう》できて5点）

6 □にあてはまる不等号《ふとうごう》を書きましょう。　1つ5点【30点】

① 0.2□0.5　　② 0.9□0.8

③ 3.7□4.1　　④ 2.6□2.4

⑤ 0.1□0　　⑥ 0.9□3

算数 23

小数のたし算とひき算

目標《もくひょう》時間 15 分

学習《がくしゅう》した日　月　日

名前

とく点

100点まんてん

答え ▶ 110ページ

1 小数のたし算とひき算を，0.1をもとにして計算します。□にあてはまる数を書きましょう。 全部できて1つ10点【30点】

① 0.6＋0.3の計算のしかたを考えます。

0.6は，0.1が ㋐□ こ
0.3は，0.1が ㋑□ こ
あわせて0.1が ㋒□ こ

これより，0.6＋0.3＝㋓□

② 0.7－0.4の計算のしかたを考えます。

0.7は，0.1が ㋐□ こ
0.4は，0.1が ㋑□ こ
ちがいは0.1が ㋒□ こ

これより，0.7－0.4＝㋓□

③ 1－0.8の計算のしかたを考えます。

1は，0.1が ㋐□ こだから，

1－0.8＝㋑□

2 計算をしましょう。 1つ5点【40点】

① 0.3＋0.5　② 0.2＋0.8

③ 2＋0.4　④ 0.7＋0.6

⑤ 0.9－0.7　⑥ 1－0.3

⑦ 1.6－1　⑧ 1.2－0.5

3 水が，ポットには0.5L，やかんには0.8L入っています。 式5点，答え10点【30点】

① 水はあわせて何Lありますか。

（式《しき》）

答え

② やかんに入っている水は，ポットに入っている水より何L多いですか。

（式）

答え

答え ▶ 110ページ

小数のたし算とひき算の筆算《ひっさん》

1 次《つぎ》の計算が正しければ○を，まちがっていれば正しい答えを(　　)に書きましょう。　1つ4点【12点】

①
```
   1.3
 + 0.5
 -----
   1 8
```
(　　　)

②
```
   3.8
 + 4.2
 -----
   8 0
```
(　　　)

③
```
     5
 - 3.4
 -----
   2 4
```
(　　　)

2 計算をしましょう。　1つ4点【48点】

① $3.2 + 1.5$　② $0.7 + 5.7$　③ $6.5 + 1.8$　④ $7.6 + 2.7$

⑤ $5.1 + 2.9$　⑥ $2.9 + 4$　⑦ $4.9 - 1.7$　⑧ $8.2 - 5.9$

⑨ $9.2 - 8.4$　⑩ $5.3 - 2.3$　⑪ $7.9 - 0.9$　⑫ $8 - 2.6$

3 筆算《ひっさん》でしましょう。　1つ4点【12点】

① 7.2＋1.8　② 13.5＋6.6　③ 10－7.4

4 水そうに，水が4.8L入っています。ここに，2.5Lの水を入れました。水そうの中の水は，何Lになりましたか。　式7点，答え7点【14点】

(式《しき》)

答え

5 7.5mのひもがあります。1.8m切り取《と》って使《つか》うと，のこりは何mですか。　式7点，答え7点【14点】

(式)

答え

三角形

目標時間《もくひょうじかん》 15 分　学習《がくしゅう》した日　月　日

名前

とく点

100 点まんてん

答え ▶ 111ページ

1 下の三角形の中から，二等辺三角形《にとうへんさんかくけい》と正三角形《せいさんかくけい》を全部《ぜんぶ》見つけて，記号《きごう》で答えましょう。　全部できて1つ10点【20点】

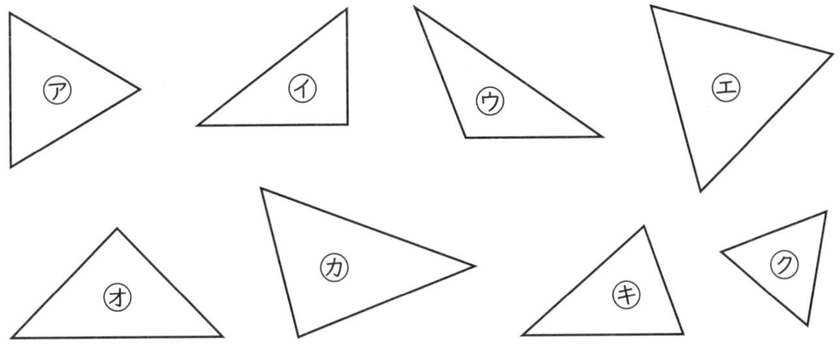

ア
イ
ウ
エ
オ
カ
キ
ク

二等辺三角形（正三角形でないもの）　正三角形

（　　　　）（　　　　）

2 次《つぎ》の三角形をかきましょう。　1つ15点【30点】

① 辺《へん》の長さが3cm，4cm，4cmの二等辺三角形

② 1辺《ぺん》の長さが3cm5mmの正三角形

3 次の三角形で，等《ひと》しい角はそれぞれどれとどれですか。記号ですべて答えましょう。　1つ10点【20点】

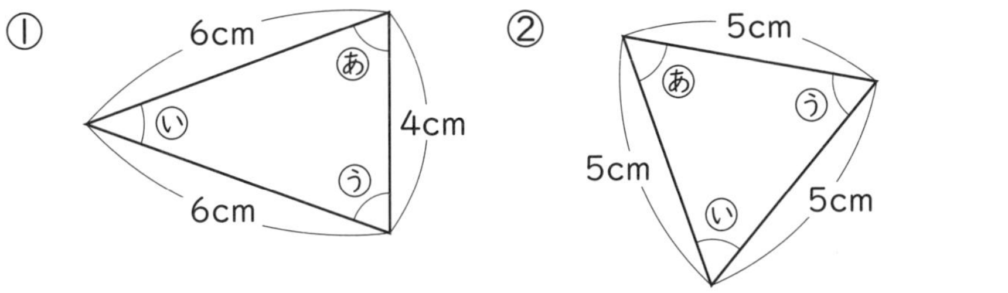

①
6cm
あ
い
4cm
う
6cm
②
5cm
あ
う
5cm
い
5cm

（　　　　）（　　　　）

4 下のように，長さのちがう3しゅるいのぼうが3本ずつあります。このうちの3本を使《つか》って三角形を作ります。　1つ10点【30点】

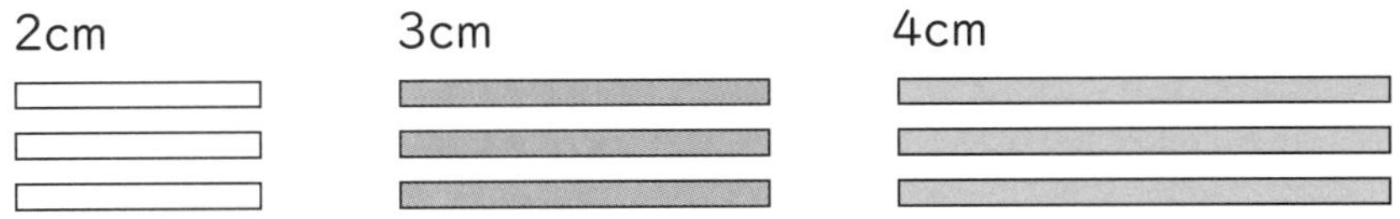

2cm
3cm
4cm

① 正三角形は何しゅるいできますか。

（　　　　）

② 二等辺三角形は何しゅるいできますか。

（　　　　）

③ まわりの長さがいちばん長い正三角形を作るとき，そのまわりの長さは何cmになりますか。

（　　　　）

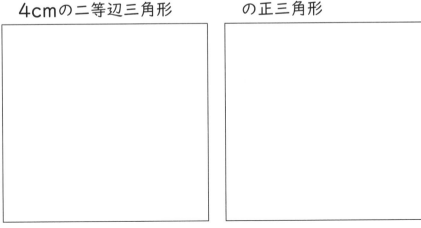

かくにんテスト②

目標時間《もくひょう》 15分

学習《がくしゅう》した日　　月　　日

名前

とく点

100点まんてん

答え ▶ 111ページ

1 □にあてはまる数字や数を書きましょう。　1つ5点【10点】

① 5382017の，十万の位《くらい》の数字は□です。

② 1000万を7こ，10万を9こ，1000を6こ，100を2こあわせた数は，□です。

2 計算をしましょう。　1つ5点【20点】

① $\begin{array}{r} 37 \\ \times\ \ 2 \\ \hline \end{array}$　② $\begin{array}{r} 64 \\ \times\ \ 6 \\ \hline \end{array}$　③ $\begin{array}{r} 328 \\ \times\ \ \ 3 \\ \hline \end{array}$　④ $\begin{array}{r} 481 \\ \times\ \ \ 7 \\ \hline \end{array}$

3 計算をしましょう。　1つ5点【20点】

① 80×4　② 900×3

③ 73×5×2　④ 60×2×4

4 □にあてはまる数を書きましょう。　全部できて1つ5点【10点】

① 2km400m＋800m＝□km□m

② 2km500m－600m＝□km□m

5 右の図は，半径《はんけい》6cmの円を使《つか》って三角形をかいたものです。　1つ5点【10点】

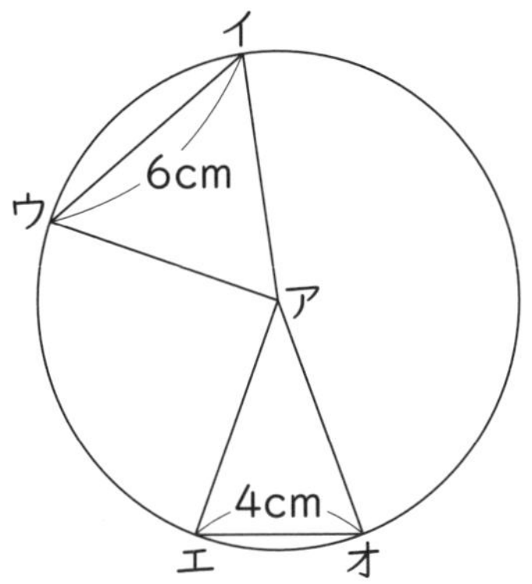

① 三角形アイウはどんな三角形ですか。　(　　　　　)

② 三角形アエオはどんな三角形ですか。　(　　　　　)

6 計算をしましょう。　1つ5点【20点】

① $\begin{array}{r} 6.7 \\ +\ 2.8 \\ \hline \end{array}$　② $\begin{array}{r} 6.1 \\ -\ 2.7 \\ \hline \end{array}$　③ $\begin{array}{r} 2.6 \\ +\ 3.4 \\ \hline \end{array}$　④ $\begin{array}{r} 7 \\ -\ 5.4 \\ \hline \end{array}$

7 1さつ390円のまんがの本を3さつ買います。代金《だいきん》はいくらになりますか。　式5点，答え5点【10点】

(式《しき》)

答え

算数 27 分数の表《あらわ》し方と大きさ

目標時間《もくひょう》 15 分

学習《がくしゅう》した日　月　日

名前

とく点

100点まん点

答え ▶ 111ページ

1 次《つぎ》の長さを色をぬって表《あらわ》しましょう。　1つ4点【8点】

① $\frac{2}{5}$m　② $\frac{5}{8}$m

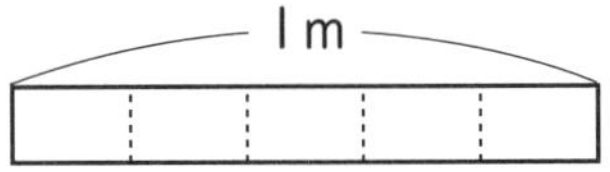

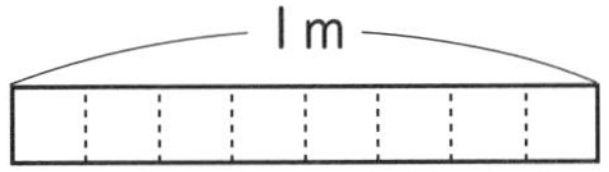

2 次の水のかさは何Lですか。分数《ぶんすう》で答えましょう。　1つ4点【12点】

①　②　③

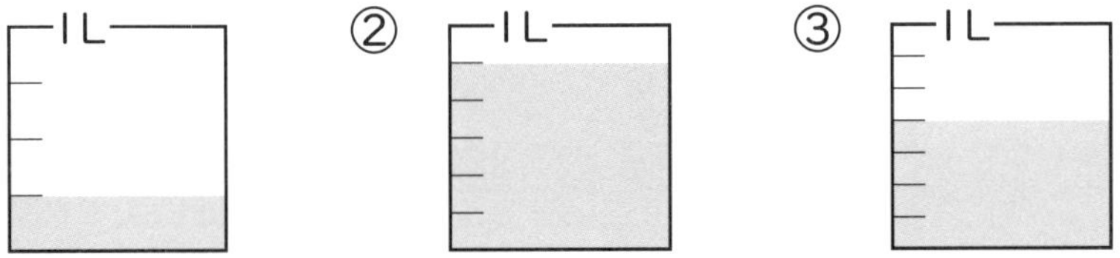

(　　　　)　(　　　　)　(　　　　)

3 下の数直線で，㋐，㋑，㋒のめもりが表す数を分数と小数で答えましょう。　1つ4点【24点】

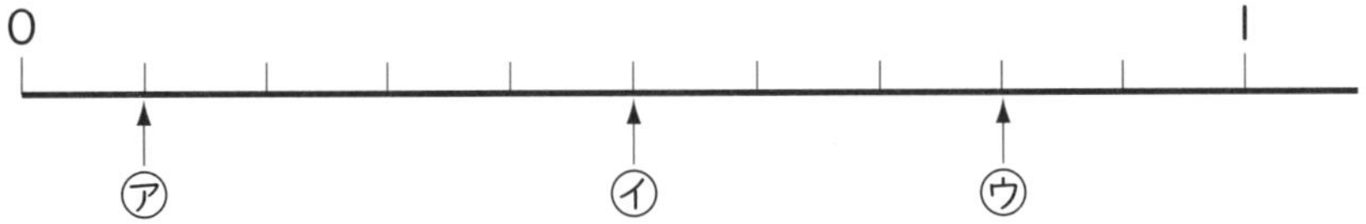

分数

㋐(　　　　)　㋑(　　　　)　㋒(　　　　)

小数

㋐(　　　　)　㋑(　　　　)　㋒(　　　　)

4 □にあてはまる数を書きましょう。　1つ9点【36点】

① 分母《ぶんぼ》が5，分子《ぶんし》が4の分数は，□です。

② $\frac{1}{4}$を3こ集《あつ》めた数は，□です。

③ $\frac{1}{3}$を□こ集めると，1になります。

④ $\frac{7}{10}$を小数にすると，□です。

はってん

5 $\frac{2}{3}$と$\frac{2}{6}$の大きさをくらべます。②，③は，□にあてはまる数やことばを書きましょう。　1つ5点【20点】

① 右の数直線で，$\frac{2}{3}$と$\frac{2}{6}$を表すめもりを，それぞれ↑でしめしましょう。

② $\frac{2}{3}$と$\frac{2}{6}$では，□のほうが大きい。

③ このように，分子が同じで，分母がちがう分数では，分母が小さいほうが，分数は□。

算数

28 分数のたし算

目標《もくひょう》時間 15 分

学習《がくしゅう》した日　月　日

名前

とく点

100点まんてん

答え ▶ 111ページ

1 計算をしましょう。　1つ5点【60点】

① $\frac{1}{5}+\frac{3}{5}$　② $\frac{2}{4}+\frac{1}{4}$

③ $\frac{2}{6}+\frac{1}{6}$　④ $\frac{3}{8}+\frac{4}{8}$

⑤ $\frac{2}{7}+\frac{3}{7}$　⑥ $\frac{1}{3}+\frac{2}{3}$

⑦ $\frac{4}{5}+\frac{1}{5}$　⑧ $\frac{6}{9}+\frac{2}{9}$

⑨ $\frac{5}{8}+\frac{3}{8}$　⑩ $\frac{5}{7}+\frac{1}{7}$

⑪ $\frac{3}{10}+\frac{4}{10}$　⑫ $\frac{9}{10}+\frac{1}{10}$

2 サラダ油《ゆ》$\frac{3}{7}$Lと，す$\frac{1}{7}$Lをまぜて，ドレッシングを作ります。ドレッシングは何Lできますか。　式5点，答え5点【10点】

（式《しき》）

答え ＿＿＿＿＿＿

3 まみさんの家から駅《えき》まで$\frac{2}{9}$km，駅から学校まで$\frac{5}{9}$kmです。まみさんの家から駅を通って学校まで行くと，何kmですか。　式5点，答え5点【10点】

（式）

答え ＿＿＿＿＿＿

はってん

4 計算をしましょう。　1つ5点【20点】

① $\frac{1}{5}+\frac{2}{5}+\frac{1}{5}$　② $\frac{2}{8}+\frac{3}{8}+\frac{2}{8}$

③ $\frac{3}{9}+\frac{4}{9}+\frac{1}{9}$　④ $\frac{3}{7}+\frac{2}{7}+\frac{2}{7}$

算数 29

分数のひき算

目標《もくひょう》時間 15 分

学習《がくしゅう》した日　月　日

名前

とく点

100点まんてん

答え ▷ 111ページ

1 計算をしましょう。　1つ5点【60点】

① $\frac{4}{5}-\frac{1}{5}$

② $\frac{3}{4}-\frac{2}{4}$

③ $\frac{4}{6}-\frac{2}{6}$

④ $\frac{6}{7}-\frac{3}{7}$

⑤ $\frac{6}{8}-\frac{3}{8}$

⑥ $1-\frac{2}{3}$

⑦ $\frac{8}{9}-\frac{6}{9}$

⑧ $1-\frac{3}{5}$

⑨ $1-\frac{5}{9}$

⑩ $\frac{7}{10}-\frac{5}{10}$

⑪ $\frac{8}{10}-\frac{5}{10}$

⑫ $1-\frac{6}{10}$

2 $\frac{7}{8}$mのリボンから何mか切り取《と》って使《つか》ったら，のこりが$\frac{3}{8}$mになりました。使ったのは何mですか。　式5点，答え5点【10点】

（式《しき》）

答え ＿＿＿＿＿＿

3 牛にゅうが$\frac{3}{9}$L，ジュースが$\frac{6}{9}$Lあります。牛にゅうはジュースより何L少ないですか。　式5点，答え5点【10点】

（式）

答え ＿＿＿＿＿＿

はってん

4 計算をしましょう。　1つ5点【20点】

① $\frac{5}{6}-\frac{1}{6}-\frac{3}{6}$

② $\frac{6}{8}-\frac{2}{8}-\frac{2}{8}$

③ $\frac{8}{9}-\frac{1}{9}-\frac{5}{9}$

④ $1-\frac{3}{10}-\frac{4}{10}$

□を使った式

答え ▶ 112ページ

1 画用紙が26まいあります。何まいか買ったので，全部《ぜんぶ》で40まいになりました。何まい買いましたか。

①式9点，②式9点，答え8点【26点】

① 買ったまい数を□まいとして，たし算の式《しき》に表《あらわ》しましょう。

(式) □ ＋ □ ＝ □

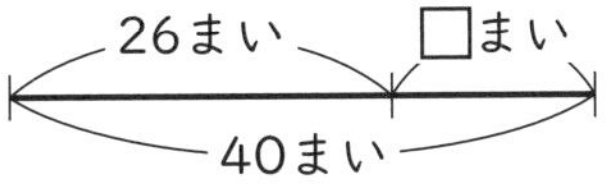

② □にあてはまる数をもとめましょう。

(式) □ ＝ □ － □

□ ＝ □　　答え

2 あめを，同じ数ずつ5人に配《くば》ったら，配った数は全部で15こになりました。1人に何こ配りましたか。

①式9点，②式9点，答え8点【26点】

① 1人分の数を□こととして，かけ算の式に表しましょう。

(式) □ × □ ＝ □

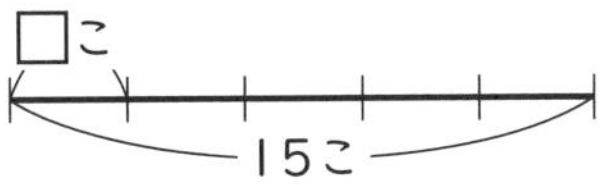

② □にあてはまる数をもとめましょう。

(式) □ ＝ □ ÷ □

□ ＝ □　　答え

★ **3** ～ **5** は，わからない数を□として式に表しましょう。

3 公園に子どもが15人来たので，全部で42人になりました。子どもは，はじめに何人いましたか。 式8点，答え8点【16点】

(式)

答え

4 みきさんは，本を54ページ読んだので，のこりは30ページになりました。この本は，全部で何ページですか。

式8点，答え8点【16点】

(式)

答え

5 何こかあるいちごを7人で同じ数ずつ分けると，1人に8こずつ分けられました。いちごは何こありますか。

式8点，答え8点【16点】

(式)

答え

算数 31

倍《ばい》の計算

目標《もくひょう》時間 15分

学習《がくしゅう》した日　　月　　日

名前

とく点

100点まん点

答え ▶ 112ページ

1 白のテープの長さは4cmで，青のテープの長さは12cm，黒のテープの長さは白のテープの長さの4倍《ばい》です。

式10点，答え10点【40点】

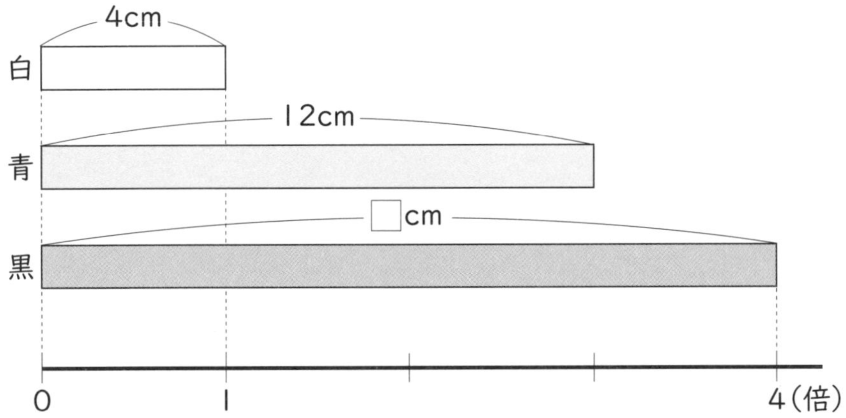

① 青のテープは白のテープの何倍ですか。

（式《しき》）

答え ＿＿＿＿＿＿

② 黒のテープの長さは何cmですか。

（式）

答え ＿＿＿＿＿＿

2 赤いチョークが3本あります。白いチョークは，赤いチョークの5倍あります。白いチョークは何本ありますか。

式10点，答え10点【20点】

（式）

答え ＿＿＿＿＿＿

3 スズムシを，しんじさんは21ぴき，ゆうたさんは7ひきかっています。しんじさんがかっているスズムシの数は，ゆうたさんがかっているスズムシの数の何倍ですか。

式10点，答え10点【20点】

（式）

答え ＿＿＿＿＿＿

4 ガムの1このねだんは48円で，キャンディー1このねだんの8倍です。キャンディー1このねだんは，何円ですか。

式10点，答え10点【20点】

（式）

答え ＿＿＿＿＿＿

(2けた)×(2けた)の筆算《ひっさん》①

目標時間《もくひょう》 15分　学習《がくしゅう》した日　月　日

名前

とく点　100点まん点

答え ▷ 112ページ

1 計算をしましょう。　1つ4点【16点】

① 4×20　② 31×30

③ 53×50　④ 60×40

2 計算をしましょう。　1つ5点【45点】

① $\begin{array}{r} 32 \\ \times\ 31 \\ \hline \end{array}$　② $\begin{array}{r} 20 \\ \times\ 24 \\ \hline \end{array}$　③ $\begin{array}{r} 21 \\ \times\ 43 \\ \hline \end{array}$

④ $\begin{array}{r} 23 \\ \times\ 41 \\ \hline \end{array}$　⑤ $\begin{array}{r} 16 \\ \times\ 24 \\ \hline \end{array}$　⑥ $\begin{array}{r} 47 \\ \times\ 12 \\ \hline \end{array}$

⑦ $\begin{array}{r} 24 \\ \times\ 34 \\ \hline \end{array}$　⑧ $\begin{array}{r} 14 \\ \times\ 47 \\ \hline \end{array}$　⑨ $\begin{array}{r} 15 \\ \times\ 35 \\ \hline \end{array}$

3 筆算《ひっさん》でしましょう。　1つ5点【15点】

① 21×32　② 25×23　③ 17×45

4 下は，18×32の筆算のしくみを表《あらわ》したものです。□にあてはまる数を書きましょう。　1つ4点【8点】

$\begin{array}{r} 18 \\ \times\ 32 \\ \hline 36 \\ 54 \\ \hline 576 \end{array}$

18×□ = 36

18×□ =540

5 文集《ぶんしゅう》を1さつ作るのに，紙を48まい使《つか》います。この文集を12さつ作るには，紙は何まいいりますか。

式8点，答え8点【16点】

(式《しき》)

答え ＿＿＿＿＿＿

算数 33

(2けた)×(2けた)の筆算《ひっさん》②

目標時間《もくひょうじかん》 15分

学習《がくしゅう》した日　　月　　日

名前

とく点

100点まんてん

答え ▶ 112ページ

算数

1 計算をしましょう。　1つ5点【60点】

① 32 × 28

② 45 × 16

③ 38 × 27

④ 26 × 73

⑤ 43 × 62

⑥ 87 × 81

⑦ 57 × 26

⑧ 49 × 93

⑨ 64 × 43

⑩ 89 × 26

⑪ 93 × 68

⑫ 47 × 64

2 筆算《ひっさん》のしかたをくふうして計算しましょう。　1つ6点【18点】

① 39×30　② 8×63　③ 80×79

3 1この長さが35mのセロハンテープが，32こあります。セロハンテープは，全部《ぜんぶ》で何mありますか。　式5点，答え5点【10点】

(式《しき》)

答え

4 えんぴつを48本買います。1本72円のえんぴつにすると，代金《だいきん》はいくらになりますか。　式6点，答え6点【12点】

(式)

答え

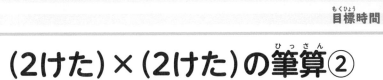

算数 34

(3けた)×(2けた)の筆算《ひっさん》

目標《もくひょう》時間 15分

学習《がくしゅう》した日　月　日

名前

とく点

100点まん点

答え ▶ 112ページ

1 計算をしましょう。　1つ5点【60点】

① 214×23　② 127×65　③ 389×19

④ 256×42　⑤ 528×63　⑥ 403×54

⑦ 375×82　⑧ 604×70　⑨ 960×36

⑩ 706×68　⑪ 487×95　⑫ 894×43

2 16人でぼくじょうに行きます。1人のひようが573円かかるとすると，ひようは全部《ぜんぶ》でいくらになりますか。　式6点，答え5点【11点】

(式《しき》)

答え

3 まさとさんは，1日に450mLの牛にゅうを飲《の》みます。28日間では何mL飲むことになりますか。　式6点，答え5点【11点】

(式)

答え

はってん

4 計算をしましょう。　1つ6点【18点】

① 635×213　② 325×456　③ 492×932

ぼうグラフ

目標時間《もくひょう》 15 分

学習《がくしゅう》した日　月　日

名前

とく点

100点まんてん

答え▶113ページ

1 下のぼうグラフは，しんじさんのはんの人たちの，家から学校までにかかる時間を表《あらわ》したものです。 1つ5点【35点】

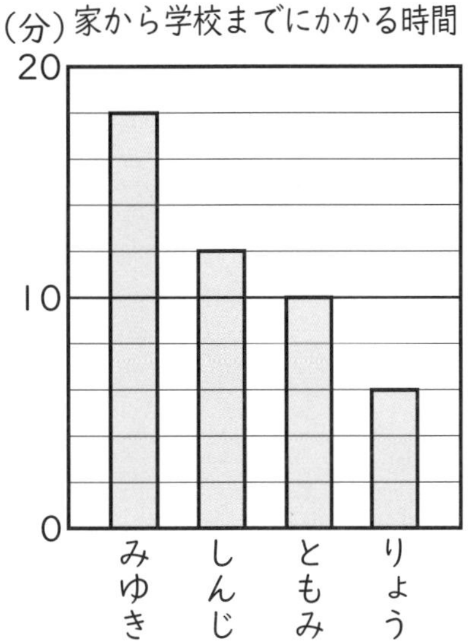

① グラフの1めもりは，何分を表していますか。

(　　　　　)

② しんじさんは何分かかりますか。

(　　　　　)

③ かかる時間がいちばん多い人はだれですか。また，その人は何分かかりますか。

名前(　　　　　)　時間(　　　　　)

④ ともみさんはりょうさんより，何分多くかかりますか。

(　　　　　)

⑤ りょうさんのかかる時間の，2倍《ばい》かかる人，3倍かかる人は，それぞれだれですか。

2倍かかる人(　　　　　)

3倍かかる人(　　　　　)

2 下のグラフで，ぼうはそれぞれどれだけを表していますか。 1つ10点【20点】

①

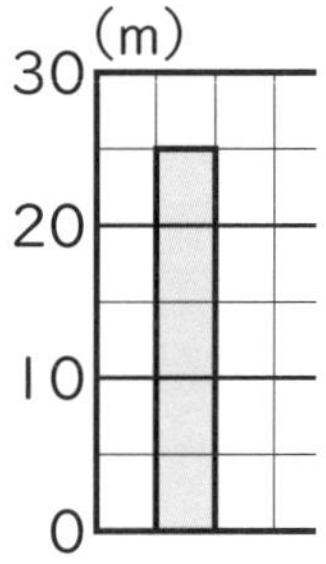

(　　　　)

②

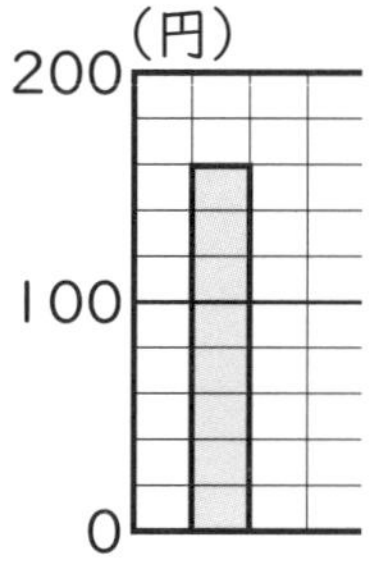

(　　　　)

3 下の表《ひょう》は，先月，図書室でかし出した本のしゅるいと数を表したものです。これをぼうグラフに表しましょう。 1つ3点【45点】

本のかし出し数調《しら》べ

しゅるい	物語《ものがたり》	図かん	でん記	その他《た》
数(さつ)	18	14	12	7

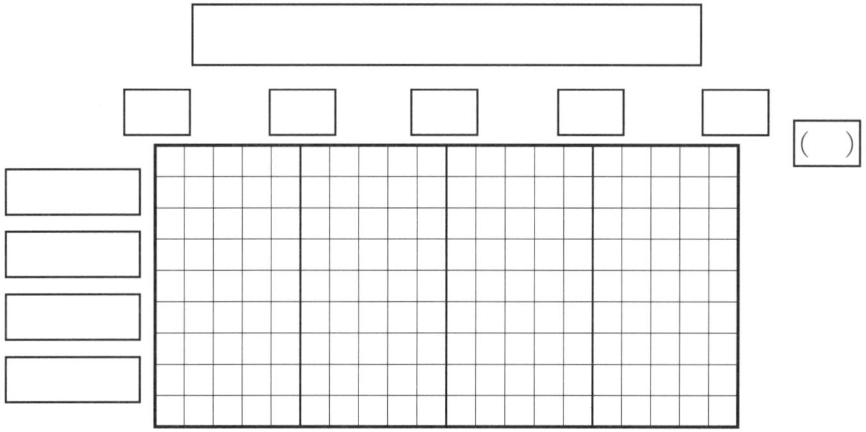

算数

36 表

目標時間《もくひょう じかん》 15分

学習《がくしゅう》した日　月　日

名前

とく点

100点まんてん

答え ▶ 113ページ

1 3年1組で，すきな動物《どうぶつ》を1人1つずつカードに書いたら，下のようになりました。　①，②1つ2点，③4点【28点】

ねこ	犬	犬	うさぎ	ねこ	パンダ
ハムスター	ねこ	うさぎ	犬	パンダ	うさぎ
パンダ	犬	ハムスター	ねこ	ライオン	犬
ねこ	うさぎ	犬	パンダ	ねこ	犬
犬	うさぎ	ねこ	犬		

① 「正」の字を使《つか》って，それぞれの人数を調《しら》べましょう。

ねこ		パンダ	
犬		ハムスター	
うさぎ		ライオン	

② すきな動物について，調べた人数を右の表《ひょう》にまとめましょう。

すきな動物

しゅるい	人数(人)
ねこ	
犬	
うさぎ	
パンダ	
その他《た》	
合計	

③ すきな人がいちばん多い動物は何ですか。

(　　　　　)

2 下の表は，3年生の3つの組の人たちがどの町に住《す》んでいるかをまとめたものです。　①1つ3点，②〜④1つ4点【72点】

住んでいる町（1組）

町名	人数(人)
北川町	10
東海町	8
西谷町	7
その他	3

住んでいる町（2組）

町名	人数(人)
北川町	11
東海町	6
西谷町	8
その他	5

住んでいる町（3組）

町名	人数(人)
北川町	9
東海町	10
西谷町	6
その他	4

① 上の3つの表を，右の表にまとめましょう。

住んでいる町　（人）

組 / 町名	1組	2組	3組	合計
北川町				
東海町				
西谷町				
その他				
合計				

② 3年生で，東海町に住んでいる人は何人いますか。

(　　　　　)

③ 2組は全部《ぜんぶ》で何人いますか。

(　　　　　)

④ 3年生は全部で何人いますか。

(　　　　　)

重さ

目標時間《もくひょう》 15分

学習《がくしゅう》した日　月　日

名前

とく点

100点まん点

答え ▷ 113ページ

1 次《つぎ》のはかりで，はりがさしている重《おも》さはそれぞれどれだけですか。　1つ10点【30点】

①

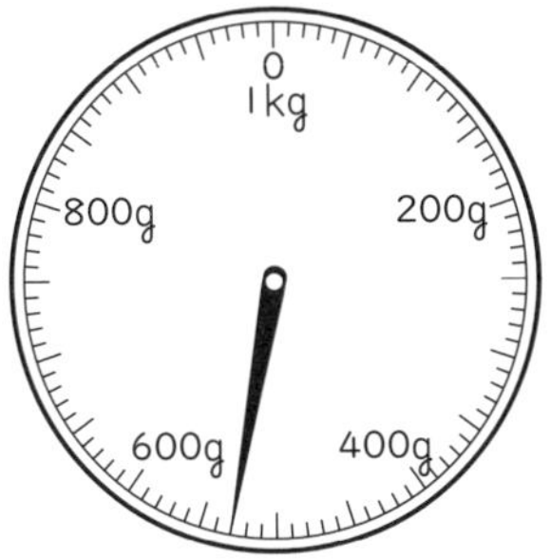

(　　　　　　)

②

(　　　　　　)

③

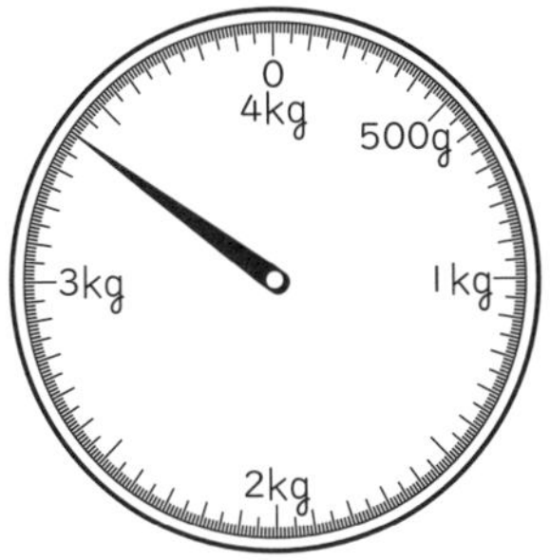

(　　　　　　)

2 □にあてはまる数を書きましょう。　1つ5点【15点】

① 2kg＝□g　② 5kg300g＝□g

③ 7500g＝□kg□g　(両方《りょうほう》できて5点)

3 □にあてはまる，重さのたんいを書きましょう。　1つ5点【15点】

① ドッジボールのボールの重さ……………380□

② 一りん車の重さ……………………………5□

③ 石けん１この重さ…………………………100□

4 重さが300gのかごに，900gのバナナを入れました。全体《ぜんたい》の重さは，何kg何gになりますか。　式10点，答え10点【20点】

(式《しき》)

答え

5 800gの小麦こにさとうをまぜて重さをはかったら，1kg200gありました。まぜたさとうの重さは何gですか。　式10点，答え10点【20点】

(式)

答え

かくにんテスト③

目標時間《もくひょうじかん》 15分

学習《がくしゅう》した日　月　日

名前

とく点

100点まんてん

答え ▶ 113ページ

1 計算をしましょう。　1つ7点【28点】

① $\frac{3}{4}+\frac{1}{4}$　② $\frac{1}{9}+\frac{4}{9}$

③ $\frac{5}{7}-\frac{3}{7}$　④ $1-\frac{1}{5}$

2 計算をしましょう。　1つ8点【24点】

① $\begin{array}{r} 24 \\ \times\ 42 \\ \hline \end{array}$　② $\begin{array}{r} 83 \\ \times\ 28 \\ \hline \end{array}$　③ $\begin{array}{r} 856 \\ \times\ \ 79 \\ \hline \end{array}$

3 赤，黄のテープがあります。赤のテープの長さは56cmで，黄のテープの長さの7倍《ばい》が赤のテープの長さです。　①式5点，②式5点，答え6点【16点】

① 黄のテープの長さを□cmとして，かけ算の式《しき》に表《あらわ》しましょう。

（式）□×［　　］＝［　　］

② □にあてはまる数をもとめましょう。

（式）□＝［　　］÷［　　］

□＝［　　］　答え＿＿＿＿＿＿

4 右のぼうグラフは，先週ほけん室をりようした人数を調《しら》べて表《あらわ》したものです。　1つ8点【16点】

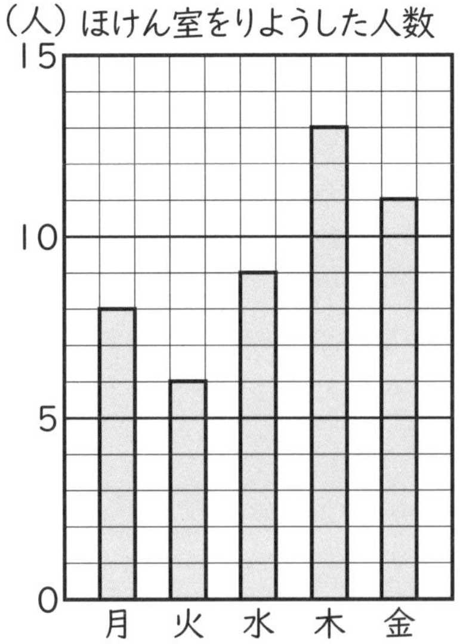

① りようした人数がいちばん多いのは，何曜日で何人ですか。

（　　　　　　）

② 先週ほけん室をりようした人は，ぜんぶで何人ですか。

（　　　　　　）

5 はりがさしている重《おも》さを答えましょう。　1つ8点【16点】

①

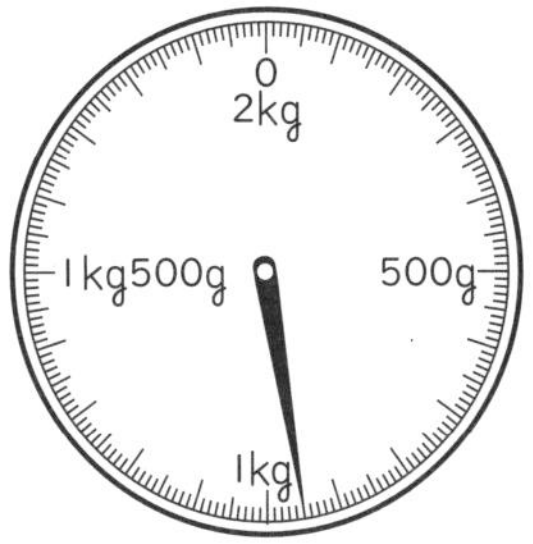

（　　　　　　）

②

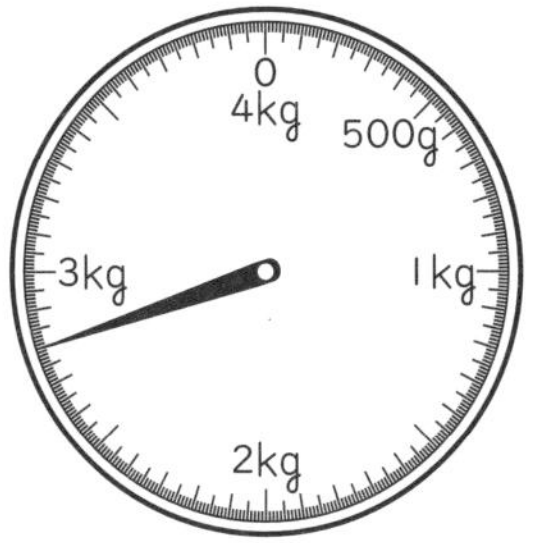

（　　　　　　）

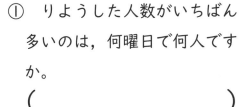

英語 1

アルファベットの大文字①

目標時間《もくひょう》 20 分

学習《がくしゅう》した日　　月　　日

名前

とく点

100点 まん点

答え ▶ 114ページ

リスニング

1 アルファベットの大文字をなぞって書いてみましょう。そのあとに，音声を聞いて，声に出して読みましょう。 1つ10点【90点】

A A A A A

APPLE

B B B B B

BOOK

C C C C C

CAT

D D D D D

DOG

E E E E E

EGG

F F F F F

FISH

G G G G G

GORILLA

H H H H H

HAT

I I I I I

ICE

リスニング

2 音声を聞いて，読まれたアルファベットのマスをえんぴつで黒くぬり，絵をかんせいさせましょう。 【10点】

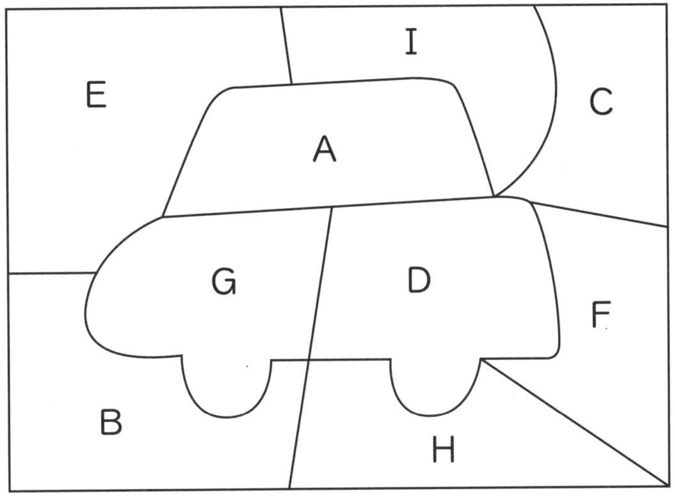

英語 2

アルファベットの大文字②

目標《もくひょう》時間 20 分

学習《がくしゅう》した日　月　日

名前

とく点

100点 まん点

答え ▶ 114ページ

リスニング

1 アルファベットの大文字をなぞって書いてみましょう。そのあとに，音声を聞いて，声に出して読みましょう。　1つ10点【80点】

J J J J J

JAM

K K K K K

KING

L L L L L

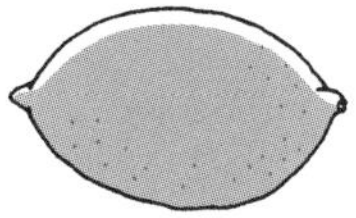

LEMON

M M M M M

MILK

N N N N N

NOSE

O O O O O

ONION

P P P P P

PANDA

Q Q Q Q Q

QUIZ

リスニング

2 音声を聞いて，読まれたじゅんにアルファベットを線でむすび，絵をかんせいさせましょう。　【20点】

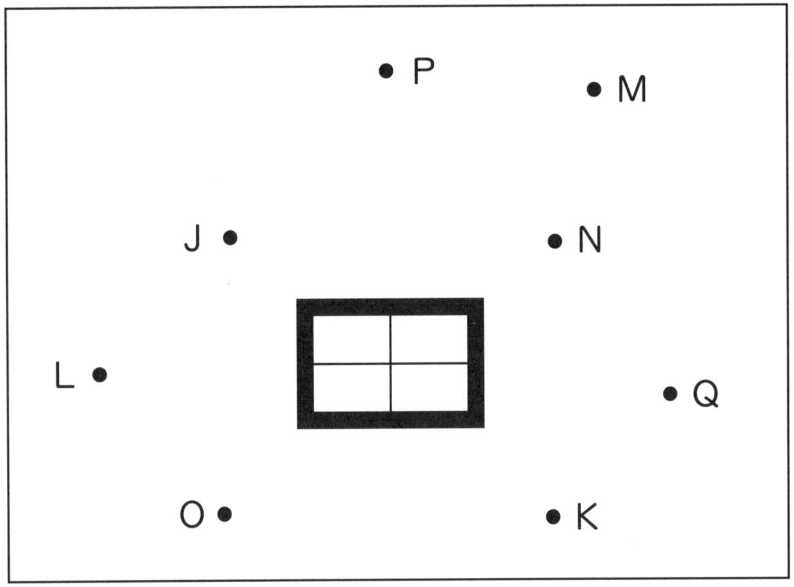

英語 3

アルファベットの大文字③

目標《もくひょう》時間 20分

学習《がくしゅう》した日　　月　　日

名前

とく点

100点まんてん

答え ▶ 114ページ

リスニング

1 アルファベットの大文字をなぞって書いてみましょう。そのあとに，音声を聞いて，声に出して読みましょう。　1つ10点【90点】

R R R R R

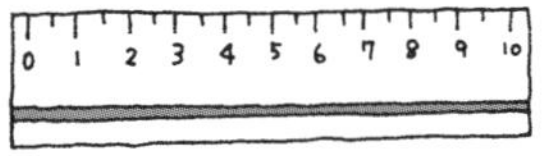

RULER

S S S S S

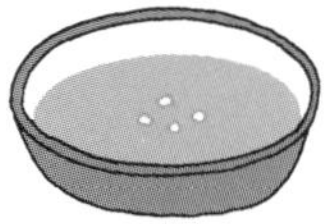

SOUP

T T T T T

TENNIS

U U U U U

DUCK

V V V V V

VIOLIN

W W W W W

WHITE

X X X X X

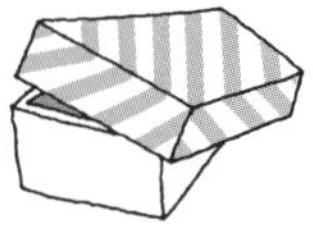

BOX

Y Y Y Y Y

YACHT

Z Z Z Z Z

ZOO

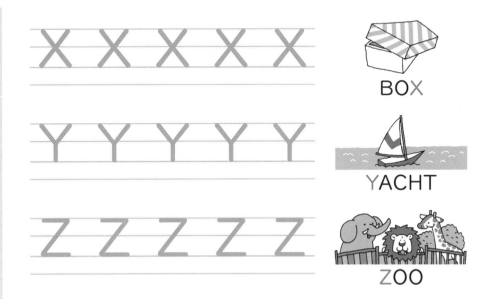

リスニング

2 音声を聞いて，読まれたアルファベットをなぞってゴールまで進《すす》みましょう。また，ゴールの番号《ばんごう》を下に書きましょう。【10点】

スタート⇒	U	Z	R	W	⇒①
	R	V	X	S	⇒②
	Y	U	T	X	⇒③

ゴールは（　　）番

英語

4

かくにんテスト①

目標時間《もくひょうじかん》 20 分

学習《がくしゅう》した日　月　日

名前

とく点

100点まん点

答え ▶ 114ページ

1 アルファベットの大文字になるように線でむすびましょう。

【20点】

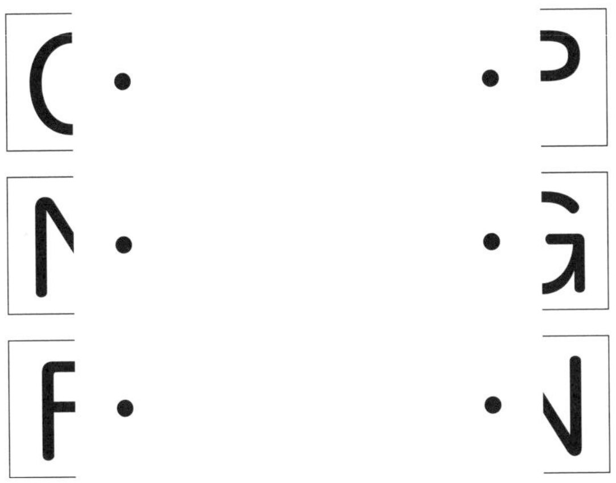

2 アルファベットじゅんになるようにゴールまで進《すす》みましょう。

【20点】

スタート⇒

A	B	O	P	Q	R
D	C	N	E	T	S
E	F	M	S	U	V
H	G	L	A	X	W
I	J	K	C	Y	Z

⇒ゴール

3 アルファベットじゅんにならんでいるものには○，ならんでいないものには×を書きましょう。

1つ10点【30点】

① ABCDE　（　　　）

② HIKJLN　（　　　）

③ PRQTS　（　　　）

リスニング

4 音声を聞いて，読まれたアルファベットのマスをえんぴつで黒くぬり，絵をかんせいさせましょう。

【30点】

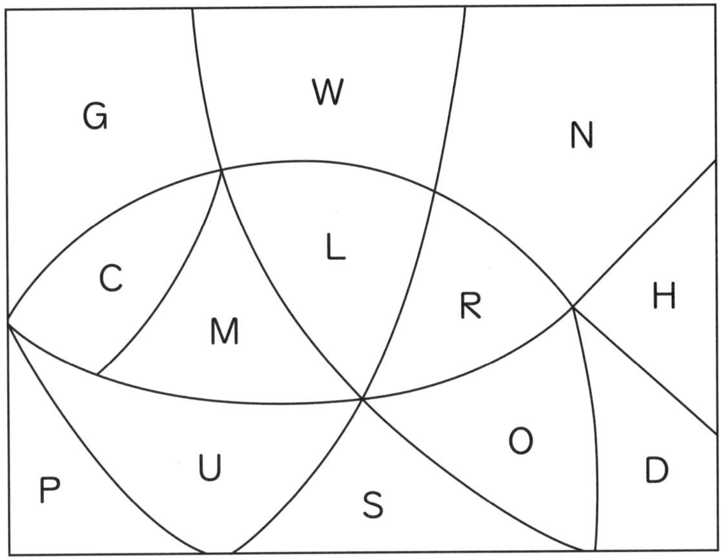

英語 5

アルファベットの小文字①

目標時間《もくひょう》 20 分

学習《がくしゅう》した日　月　日

名前

とく点

100点 まん点

答え ▶ 115ページ

リスニング

1 アルファベットの小文字をなぞって書いてみましょう。そのあとに，音声を聞いて，声に出して読みましょう。　1つ10点【90点】

a a a a a

ant

b b b b b

bear

c c c c c

carrot

d d d d d

drums

e e e e e

elephant

f f f f f

flower

g g g g g

guitar

h h h h h

horse

i i i i i

ink

リスニング

2 音声を聞いて，読まれたじゅんにアルファベットを線でむすびましょう。　【10点】

スタート

g　b　e　a　h　c

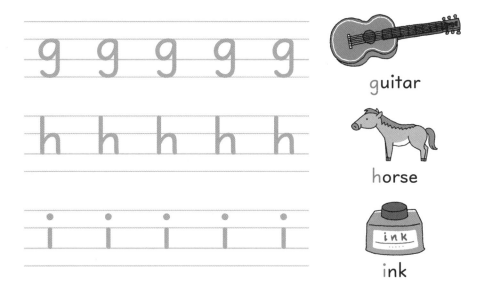

英語 6

アルファベットの小文字②

目標《もくひょう》時間 20分

学習《がくしゅう》した日　月　日

名前

とく点

100点 まん点

答え ▶ 115ページ

リスニング

1 アルファベットの小文字をなぞって書いてみましょう。そのあとに，音声を聞いて，声に出して読みましょう。　1つ10点【80点】

j j j j j

juice

k k k k k

koala

l l l l l

lion

m m m m m

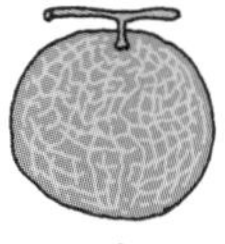

melon

n n n n n

notebook

o o o o o

orange

p p p p p

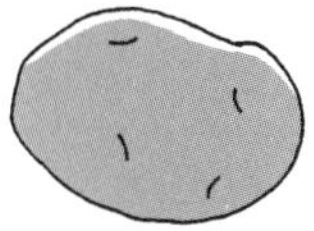

potato

q q q q q

queen

リスニング

2 音声を聞いて，読まれたアルファベットのマスをえんぴつで黒くぬりましょう。また，かんせいした数字を下に書きましょう。

【20点】

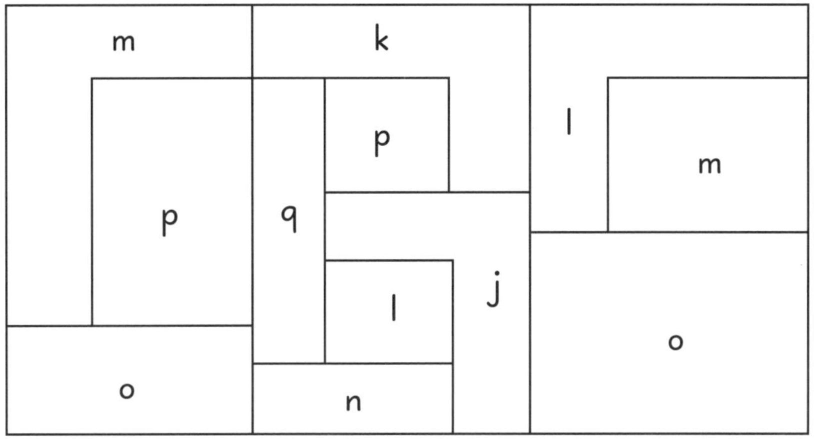

かんせいした数字は（　　）

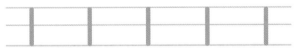

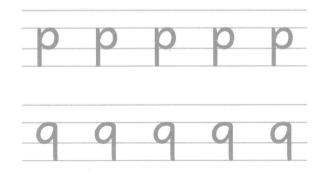

英語 7

アルファベットの小文字③

目標《もくひょう》時間 20分

学習《がくしゅう》した日　月　日

名前

とく点

100点まん点

答え▶115ページ

英語

リスニング

1 アルファベットの小文字をなぞって書いてみましょう。そのあとに，音声を聞いて，声に出して読みましょう。　1つ10点【90点】

r r r r r

rabbit

s s s s s

soccer

t t t t t

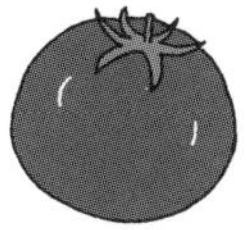

tomato

u u u u u

umbrella

v v v v v

volleyball

w w w w w

watch

x x x x x

fox

y y y y y

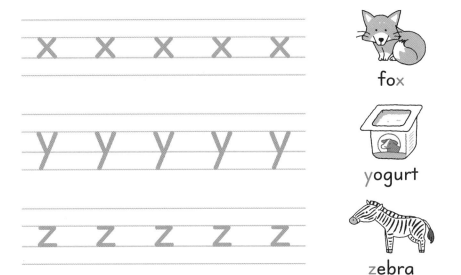

yogurt

z z z z z

zebra

リスニング

2 音声を聞いて，読まれたアルファベットのピースをえんぴつで黒くぬりましょう。　【10点】

a	j	t	o	r
s	x	n	k	w
h	p	z	f	m
e	v	c	u	y

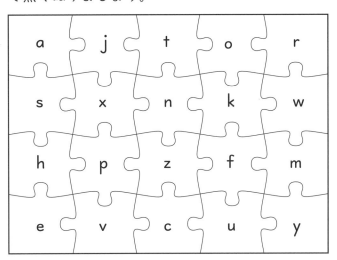

かくにんテスト②

1 アルファベットじゅんにならんでいるものには○，ならんでいないものには×を書きましょう。　1つ10点【20点】

① o q p r t s　(　　　)

② v w x y z　(　　　)

2 アルファベットじゅんになるように線でむすび，絵をかんせいさせましょう。　【30点】

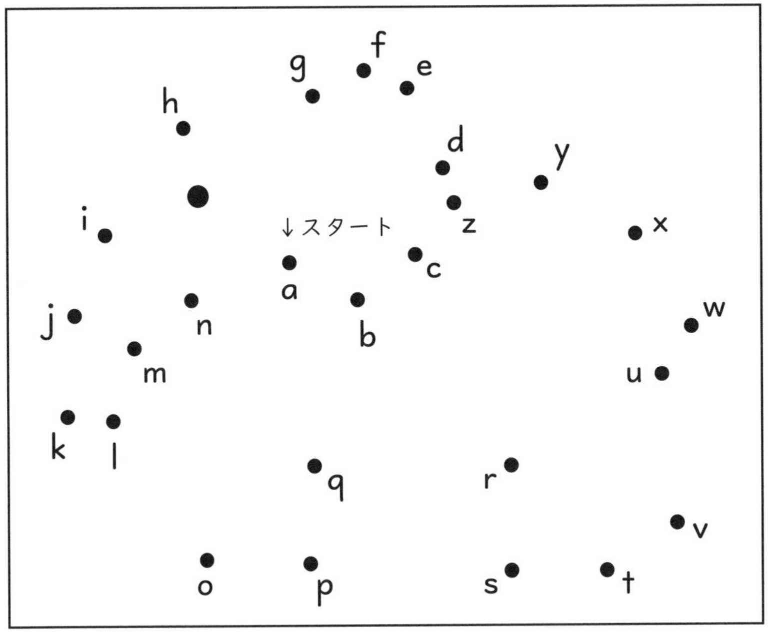

3 アルファベットの大文字と小文字を線でむすびましょう。　1つ4点【20点】

F ●	● r
M ●	● m
E ●	● h
R ●	● f
H ●	● e

リスニング

4 音声を聞いて，読まれたアルファベットをなぞりましょう。　1つ5点【30点】

a	t	s	d
i	n	l	y
k	g	b	q
z	c	p	j

社会 1

学校のまわり（まちの様子《ようす》）

目標《もくひょう》時間 20分

学習《がくしゅう》した日　　月　　日

名前

とく点

100点まん点

答え▶116ページ

社会

1 方位《ほうい》じしんの正しい使《つか》い方に〇をつけましょう。【15点】

①（　　）　②（　　）　③（　　）　④（　　）

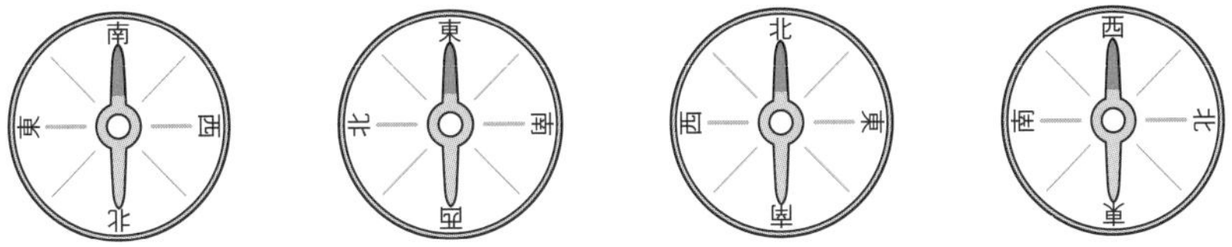

南
東
西
北
東
北
南
西
北
西
東
南
西
南
北
東

2 まちたんけんの進《すす》め方について，次《つぎ》の①～④を正しいじゅんにならべましょう。【20点】

（　　→　　→　　→　　）

① コースを決《き》めて，白地図にかき入れる。

② たんけんしてしらべてみたいことをみんなで話し合う。

③ わかったことを絵地図にまとめる。

④ 歩いてかんさつし，気づいたことを写真《しゃしん》にとったり，白地図やカードにかき入れたりする。

3 公共《こうきょう》しせつを次から3つえらび，記号《きごう》で答えましょう。1つ5点【15点】

ア　公園　　イ　公民館《こうみんかん》　　ウ　マンション

エ　工場　　オ　市役所《しやくしょ》

（　　）（　　）（　　）

4 絵地図のまとめ方について，次の問《と》いに答えましょう。1つ10点【30点】

① 絵地図をかくときは，地図の上が北・東・南・西のどの方位になるようにかきますか。（　　）

② 次のことがわかりやすい絵地図にするには，どうしたらよいですか。それぞれ下から記号をえらびましょう。

あ

かいた人によって
記号がちがうとわ
かりにくいよ。

（　　）

い

ちぢめてかくと，
ほんとうのきょり
がわからないね。

（　　）

ア　家や店を1けん1けんかかないで，まとめてかく。

イ　みんなが決まった記号を使ってかく。

ウ　まちの目じるしになるたて物《もの》をかく。

エ　きょりがわかるように，めもりのついたものさしをかきこむ。

5 次の地図記号は何を表《あらわ》しますか。あてはまるものをえらんで，―――でむすびましょう。1つ5点【20点】

① X ・　　　　・ア　学校

② 文 ・　　　　・イ　交番

③ 卍 ・　　　　・ウ　消《しょう》ぼうしょ

④ Y ・　　　　・エ　寺

社会 2 市の様子《ようす》しらべ①

1 市の様子のしらべ方について，(　　)にあてはまることばを下の□からえらんで，答えましょう。　1つ10点【30点】

① パソコンやタブレットから(　　　　　　　　)を使《つか》って，しりょうを集《あつ》める。

② くらしにかかわる仕事《しごと》をしている(　　　　　　)へ行って，話を聞いたり，しりょうを集めたりする。

③ しらべたいところが遠いときは，(　　　　　)を出したり，電話をしたりして教えてもらう。

道路《どうろ》	市役所《しやくしょ》	手紙	インターネット	畑《はたけ》

2 市の様子のしらべ方としてよくないものを，次《つぎ》から2つえらんで，記号《きごう》で答えましょう。　1つ15点【30点】

ア　予定《よてい》を立てず，もち物《もの》だけをかくにんする。

イ　カメラをもっていって，写真《しゃしん》をとる。

ウ　しらべたいところに行ったことのある人に話を聞く。

エ　会いたい人がいる場合は，できるだけやくそくをしないで行くようにする。

オ　話を聞いた人の名前を聞いて，メモしておく。

カ　のり物を使う場合，何にのるかをしらべておく。

(　　)(　　)

3 次のことは，右の市の地図のア～エのどこの様子ですか。記号で答えましょう。　1つ5点【20点】

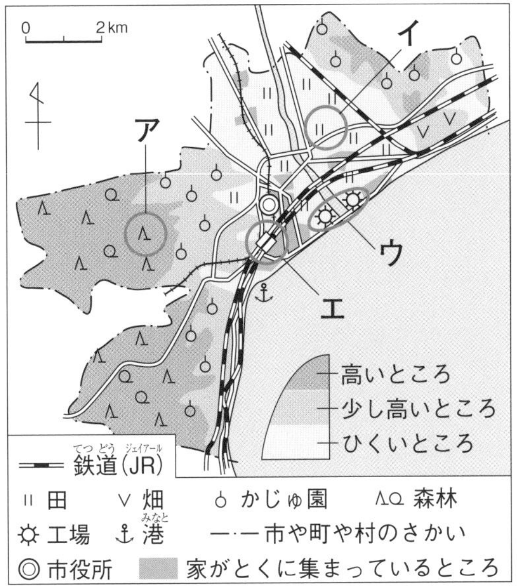

① 大きな駅《えき》があり，たくさんの人が集まっている。　(　　)

② 海ぞいにあり，大きなたて物があって，トラックがよく出入りしている。　(　　)

③ 土地が高く，木が多く，あまり家がない。　(　　)

④ 土地がひくく，川の近くに田が広がっていて，家はあまりない。　(　　)

4 右の図は八方位《ほうい》を表《あらわ》しています。(　　)にあてはまる方位を書きましょう。　1つ5点【20点】

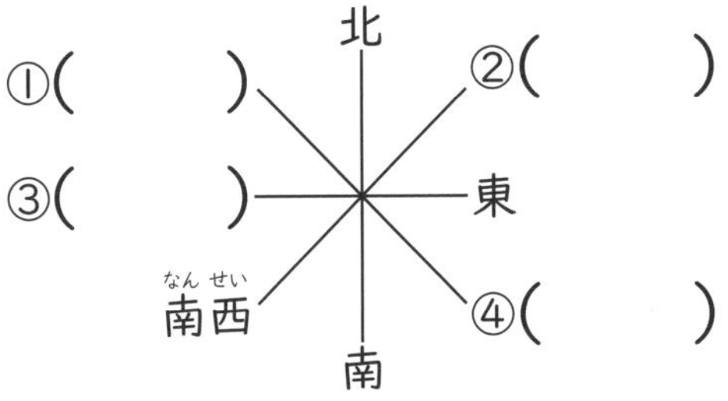

社会 3

市の様子《ようす》しらべ②

目標時間《もくひょうじかん》 20 分

学習《がくしゅう》した日　　月　　日

名前

とく点

100点まんてん

答え ▶ 116ページ

1 次《つぎ》の地図を見て，あとの問《と》いに答えましょう。 【50点】

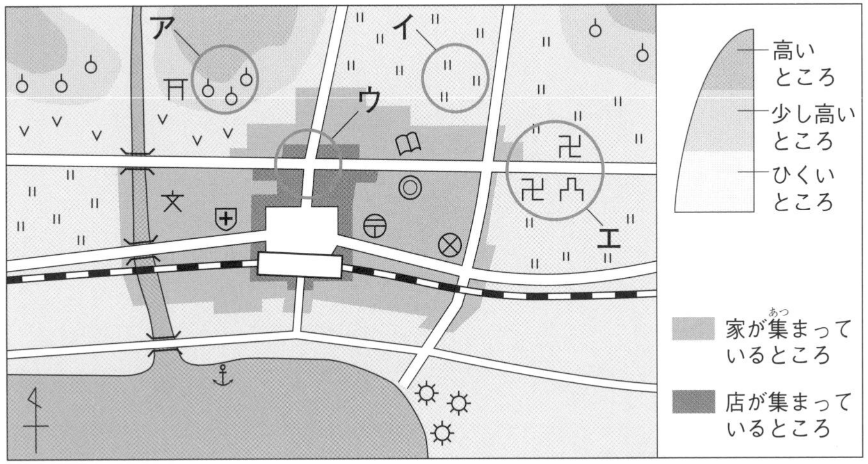

ア
イ
ウ
エ
高い
ところ
少し高い
ところ
ひくい
ところ
家が集《あつ》まって
いるところ
店が集まって
いるところ

① 駅《えき》から見て，工場はどの方角《ほうがく》にありますか。八方位《ほうい》で答えましょう。（10点） （　　　　　）

② 古いたて物《もの》が集《あつ》まるところを，地図の中のア～エから1つえらんで，記号《きごう》で答えましょう。（8点） （　　　）

③ 地図のなかの次の地図記号が表《あらわ》す公共《こうきょう》しせつやたて物を，下の□からえらんで答えましょう。 1つ8点（32点）

㋐ ⊗ （　　　　　　）　㋑ ◎ （　　　　　　）

㋒  （　　　　　　）　㋓  （　　　　　　）

病院《びょういん》	市役所《しやくしょ》	はくぶつ館《かん》	図書館《としょかん》
神社《じんじゃ》	工場	けいさつしょ	ゆうびん局《きょく》

2 市のガイドマップ（しょうかい地図）のつくり方について，次の問いに答えましょう。 1つ10点【50点】

① ガイドマップをつくるときに気をつけることで，（　）にあてはまることばを，〔　〕からえらんで答えましょう。

㋐ 写真《しゃしん》を使《つか》ったり，土地の様子が同じところを，（　　　　　）をかえてぬり分けたりする。

㋑ ガイドマップには，しらべてみて，（　　　　　）が思ったり，考えたりしたことも書くようにする。

〔色　　先生　　自分　　暗号《あんごう》〕

② 右のガイドマップのあ～うを説明《せつめい》するために使う写真として，あてはまるものを，下からえらんで記号で答えましょう。

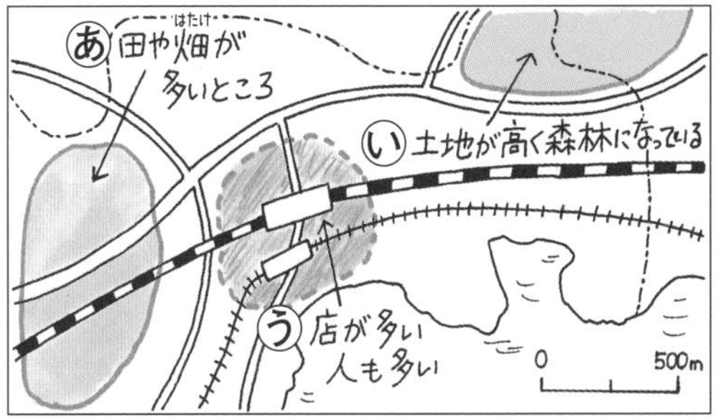

あ 田や畑《はたけ》が
多いところ
い 土地が高く森林になっている
う 店が多い
人も多い
0
500m

あ（　　　）い（　　　）う（　　　）

ア

（ピクスタ）

イ

（ピクスタ）

ウ

（ピクスタ）

社会 4

かくにんテスト①

目標時間《もくひょうじかん》 20分

学習《がくしゅう》した日　　月　　日

名前

とく点

100点まん点

答え ▶ 116ページ

1 市の様子《ようす》をしらべるとき，次《つぎ》のことをするのにいちばんよいものを□からえらんで，答えましょう。 1つ10点【30点】

① 東西南北《とうざいなんぼく》がわからないときにしらべる。
（　　　　　　）

② 自分のいる場所《ばしょ》をたしかめる。
（　　　　　　）

③ たて物《もの》の形やけしきなどを正かくに記ろくする。
（　　　　　　）

カメラ	メモ用紙	たんけんボード
市の地図	方位《ほうい》じしん	ぼうえんきょう

2 次の市の地図を見て，あとの問《と》いに答えましょう。 1つ10点【70点】

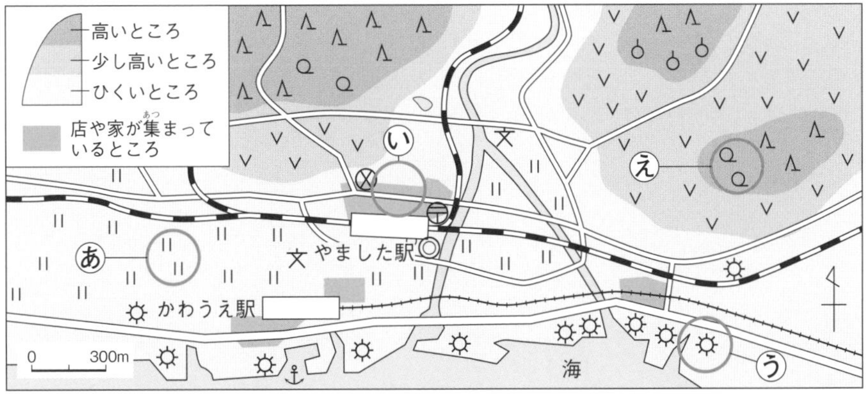

① 次の地図記号《きごう》が表《あらわ》しているものを答えましょう。

㋐ 文 （　　　　　　　　　　）

㋑ 〶 （　　　　　　　　　　）

㋒ ◎ （　　　　　　　　　　）

㋓  （　　　　　　　　　　）

② 市の様子として，正しいものを次から1つえらんで，記号で答えましょう。 （　　）

ア 市の北がわが海になっている。

イ 大きな道路《どうろ》が東西へのびている。

ウ 市の東がわと南がわの土地が高くなっている。

エ 市を南北へ通る鉄道《てつどう》はない。

③ 右の絵は，地図中のあ～えの地いきのどこにあてはまりますか。記号で答えましょう。
（　　）

④ 次の文の（　　）にあてはまる方位《ほうい》を，八方位で書きましょう。

かわうえ駅《えき》から見ると，やました駅は（　　　　　）の方角《ほうがく》にあります。

店の仕事《しごと》をしらべる①

目標《もくひょう》時間 20 分

学習《がくしゅう》した日　　月　　日

名前

とく点

100点まん点

答え▶116ページ

1 スーパーマーケットの見学に行ってしらべることで，正しいものに○，まちがっているものに×をつけましょう。

1つ5点【30点】

①(　　)　店の人がどんな仕事をしているかをしらべる。

②(　　)　どんな人たちが，どこから買い物《もの》に来るのかをしらべる。

③(　　)　ねだん，品《しな》ぞろえ，新せんさ，べんりさなどの，売り上げを高めるくふうについてしらべる。

④(　　)　売っている品物《しなもの》がどこから来たのかをしらべる。

⑤(　　)　買い物に来た人の服《ふく》やかばんの色をしらべる。

⑥(　　)　売っている品物は，手にとっておすなどしてなかみをたしかめてみる。

2 スーパーマーケットの売り場の様子《ようす》について，(　　)にあてはまることばを，〔　　〕からえらんで答えましょう。

1つ10点【20点】

スーパーマーケットでは，品物が(①　　　　)ごとにならべられています。上には大きな(②　　　　)があって，どんな品物がそこにあるかがわかりやすくなっています。

〔 ねだん　　しゅるい　　レジ　　かんばん　　そうこ 〕

3 スーパーマーケットで，次《つぎ》の仕事をしている人の様子を，下のア～オからえらんで，記号《きごう》で答えましょう。

1つ10点【50点】

① 売り場を見回って，足りなくなった品物を足したり，見やすいようにならべたりしている。　(　　)

② お客《きゃく》さんの相談《そうだん》やしつ問《もん》に対《たい》おうし，お客さんの買い物の手つだいをしている。　(　　)

③ 品物の売れゆきをコンピューターでしらべ，注文《ちゅうもん》する数を決《き》めている。　(　　)

④ 仕入《しい》れた魚を新せんなうちにさばき，売り場に出している。　(　　)

⑤ お客さんが買った品物のねだんを計算している。　(　　)

ア

イ

ウ

エ

オ

店の仕事《しごと》をしらべる②

目標時間《もくひょうじかん》 20分

学習《がくしゅう》した日　　月　　日

名前

とく点

100点まんてん

答え▶116ページ

1 右の品物《しなもの》の産地《さんち》の地図を見て，次《つぎ》の問《と》いに答えましょう。　1つ10点【40点】

① じゃがいもはどこから運《はこ》ばれてきますか。

(　　　　　)

② 北海道《ほっかいどう》から運ばれてくる品物は何ですか。

(　　　　　)

③ 外国から運ばれてくる品物は何ですか。2つ書きましょう。

(　　　　　)(　　　　　)

スーパーマーケットの品物のさん地

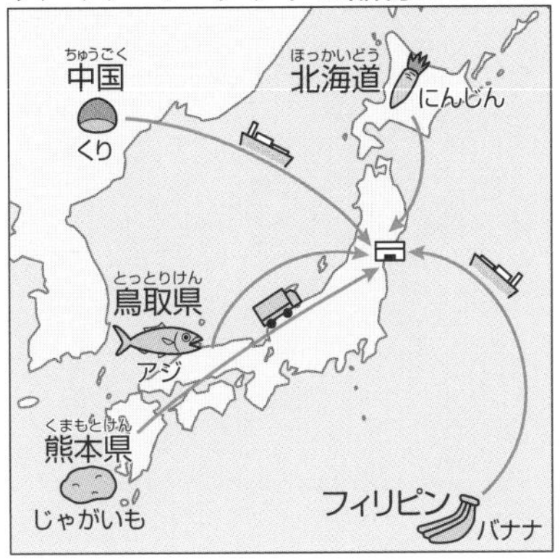
中国《ちゅうごく》
くり
北海道《ほっかいどう》
にんじん
鳥取県《とっとりけん》
アジ
熊本県《くまもとけん》
じゃがいも
フィリピン
バナナ

2 次のお客《きゃく》さんのねがいにこたえる，スーパーマーケットのサービスを，ア〜エから1つずつえらんで，□に記号《きごう》で答えましょう。　1つ10点【30点】

①

どんな品物が安《やす》いか，知りたいな。

□

②

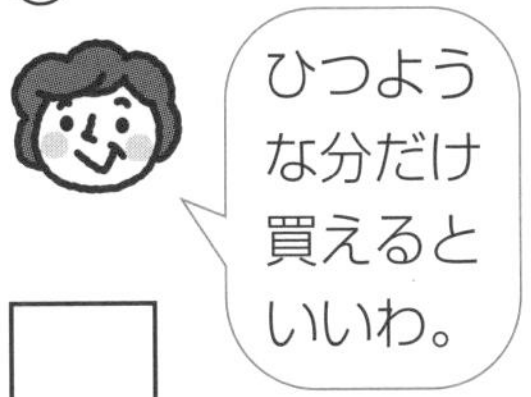
ひつような分だけ買えるといいわ。

□

③

買い物には車で行きたいな。

□

ア　店のとなりに広いちゅう車場がある。

イ　やさいや肉《にく》をいろいろな大きさに切って売っている。

ウ　安売りのちらしをくばっている。

エ　地元《じもと》の海でとれた品《ひん》しつのよい魚を売っている。

3 スーパーマーケットでのリサイクルなどの取《と》り組みについて，次の問いに答えましょう。　1つ10点【30点】

① リサイクルについて説明《せつめい》した，次の文の(　　)にあてはまることばを書きましょう。

使《つか》い終《お》わったものや，使えなくなったものを，つくり直すなどして，(　　　　　)ようにすることです。

② リサイクルのために，スーパーマーケットにおかれているものを，次から1つえらんで，□に○をつけましょう。

ア

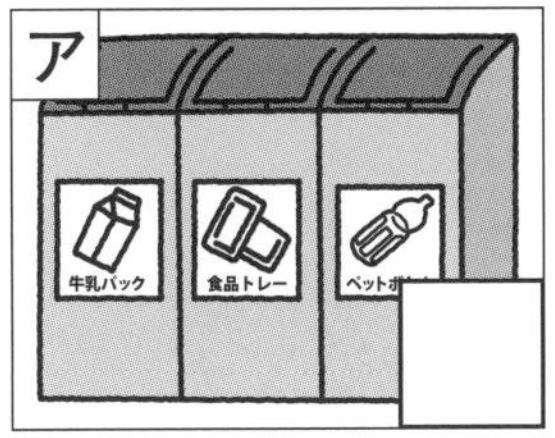
牛乳パック
食品トレー

□

イ

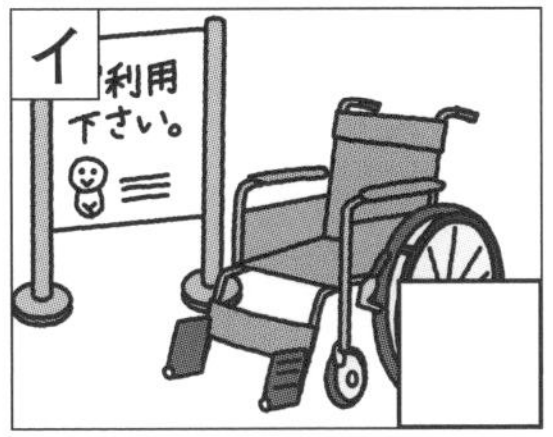
利用
下さい。

□

ウ

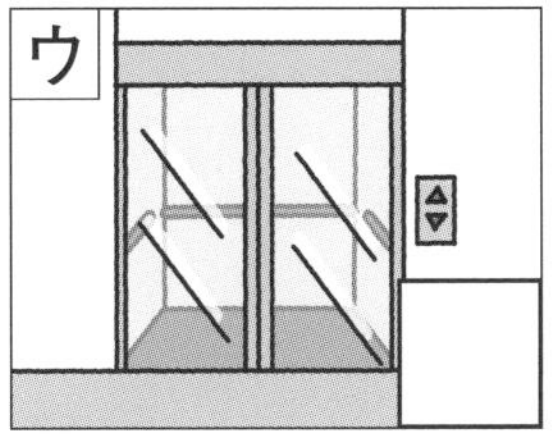

□

③ スーパーマーケットは，レジぶくろのごみをへらすために，お客さんに何を持《も》ってきてもらうようにしていますか。　(　　　　　)

社会 7

農家《のうか》の仕事《しごと》をしらべる

目標時間《もくひょう》 20 分

学習《がくしゅう》した日　月　日

名前

とく点

100点まん点

答え ▶ 117ページ

1 次《つぎ》のあまおう(いちご)づくりのカレンダーを見て，あとの問《と》いに答えましょう。　1つ15点【60点】

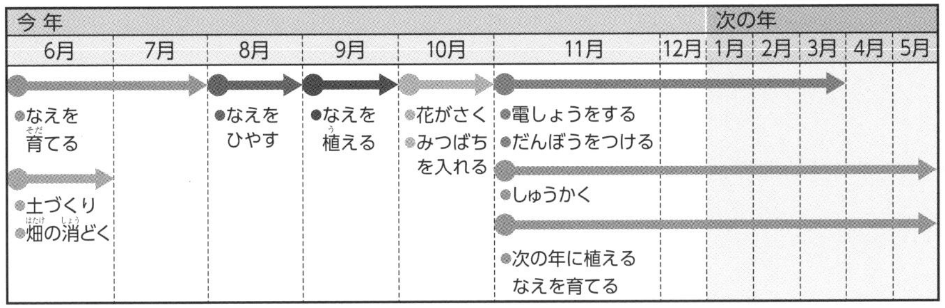

今年
次の年
6月
7月
8月
9月
10月
11月
12月
1月
2月
3月
4月
5月
●なえを育《そだ》てる
●土づくり
●畑《はたけ》の消《しょう》どく
●なえをひやす
●なえを植《う》える
●花がさく
●みつばちを入れる
●電しょうをする
●だんぼうをつける
●しゅうかく
●次の年に植えるなえを育てる

① 次の作業《さぎょう》を行うのは何月ですか。それぞれ答えなさい。

なえを植《う》える　(　　　月)

土づくり　(　　　月)

② 「電しょうをする」は，どんな作業ですか。かんたんに書きましょう。

(　　　　　　　　　　　　)

③ 「なえをひやす」理由《りゆう》を次から１つえらんで，記号《きごう》で答えましょう。　(　　)

ア　寒《さむ》い冬にたえられるようにするため。

イ　なえに冬が来たと思わせて，花をさかせるじゅんびをさせるため。

ウ　なえの病気《びょうき》をふせぎ，なえについている虫をころすため。

2 あまおうづくりで，次のくふうを行う理由を，下からえらんで，記号で答えましょう。　1つ10点【30点】

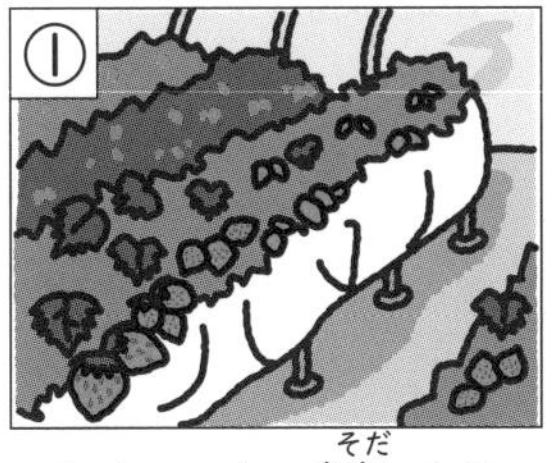
①

たなの上で育《そだ》てる

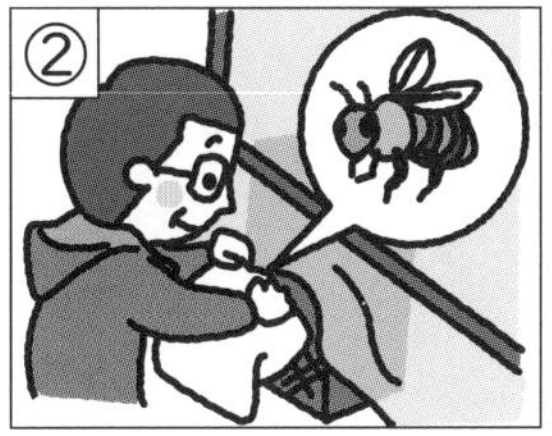
②

みつばちをはなす

③

ビニールハウスを使《つか》う

①(　　)　②(　　)　③(　　)

ア　自然《しぜん》と花に花ふんがついて，実《み》がなるようにするため。

イ　だんぼうであたたかくすることなどによって，冬でもあまおうをしゅうかくできるようにするため。

ウ　こしをかがめて作業しなくてすみ，農家の人のいちごづくりのぎじゅつをいかしやすくするため。

3 右の図を見て，農家のやさいの送《おく》り先を次から２つえらんで，記号で答えましょう。　1つ5点【10点】(　　)(　　)

ア　わたしたちの家

イ　スーパーマーケット

ウ　中央卸売《ちゅうおうおろしうり》市場

エ　直売所《ちょくばいじょ》

やさいの送り先
中央卸売市場
スーパー
スーパーマーケット
農家の人
直売所
わたしたちの家

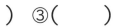

工場の仕事《しごと》をしらべる

目標《もくひょう》時間 20分　学習《がくしゅう》した日　月　日

名前

とく点　100点まん点

答え▶117ページ

1 おかし工場ではたらく人の様子《ようす》について，次《つぎ》の問《と》いに答えましょう。　1つ10点【50点】

① おかし工場は食べ物《もの》をつくる工場なので，はたらく人は，白い服《ふく》を着《き》て，白いぼうしをかぶっています。これは何に気をつけているからですか。

（　　　　　　　）

② 次の作業《さぎょう》にあたるものを，下の絵から１つずつえらんで，記号《きごう》で答えましょう。

あ　やき上がりを１つずつかくにんする。　（　　）

い　きかいを使《つか》って，あんを生地《きじ》でつつむ。　（　　）

う　たまごや生クリーム，こむぎこなどの原料《げんりょう》をまぜて，生地（皮《かわ》）をつくる。　（　　）

え　手作業で，おかしを箱《はこ》につめる。　（　　）

ア

イ

ウ

エ

2 次のあ～うの文は，しゅうまい工場での仕事についてのべたものです。それぞれの仕事をしている人を，下のア～ウから１つずつえらび，記号で答えましょう。　1つ10点【30点】

あ（　　）　い（　　）　う（　　）

あ　商品《しょうひん》を直営店《ちょくえいてん》などに運《はこ》ぶ。

い　店から受《う》けた注文《ちゅうもん》をまとめて，工場でつくるしゅうまいの数を決《き》める。

う　新しい原料《げんりょう》や味《あじ》つけで，しゅうまいを開発《かいはつ》する。

［ア　事務室《じむしつ》ではたらく人　イ　研究室《けんきゅうしつ》ではたらく人
ウ　トラックを運転《うんてん》する人］

3 右の地図は，おかし工場でつくるおかしの原料が，どこから運ばれているかをまとめたものです。外国から運ばれている原料を，２つ答えましょう。　1つ10点【20点】

（　　　　　）
（　　　　　）

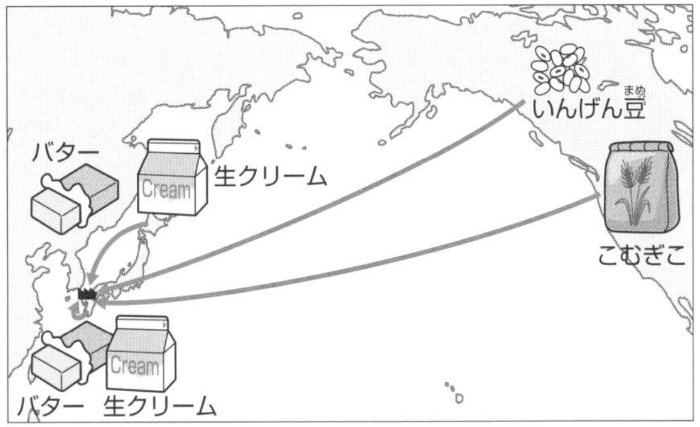

かくにんテスト②

答え▶117ページ

1 スーパーマーケットについて，次《つぎ》の問《と》いに答えましょう。 1つ10点【50点】

① 次の人がする仕事《しごと》を下から1つずつえらんで，記号《きごう》で答えましょう。

あ　レジの係《かかり》の人　（　　）

い　事務所《じむしょ》ではたらく人　（　　）

う　品物《しなもの》をならべる人　（　　）

ア　お客《きゃく》さんが品物を見やすいようにする。

イ　売り切れて品物がなくならないようにする。

ウ　お客さんの買い物の代金《だいきん》を計算する。

② スーパーマーケットが，右のようなちらしをくばったり，大きなちゅう車場をつくったりするのは何のためですか。かんたんに書きましょう。

（ピクスタ）

（　　　　　　　　　　　　　　）

③ 多くのスーパーマーケットでは，リサイクルコーナーをつくっています。リサイクルコーナーは何を少なくすることに役立《やくだ》ちますか。

（　　　　　　　）

2 次のあまおうづくりのくふうについて，正しいものに○，まちがっているものに×をつけましょう。 1つ10点【30点】

①（　　）　日光をたくさん取《と》り入れ，空気の温度調整《おんどちょうせい》がしやすいように，ビニールハウスを使《つか》う。

②（　　）　なえはべつの畑《はたけ》で育《そだ》て，よぶんな葉《は》をとる「葉かぎ」などの手入れをする。

③（　　）　虫がつかないように，できるだけ多い回数で農《のう》薬《やく》を使う。

3 次の絵の作業《さぎょう》を，おかし工場でおかしがつくられるじゅんにならべて，記号を書きましょう。 【全部《ぜんぶ》できて20点】

（　　→　　→　　→　　）

ア

イ

ウ

エ

火事《かじ》からくらしを守《まも》る①

1 火事がおきたときのれんらくのしくみについて，次《つぎ》の図を見て，あとの問《と》いに答えましょう。 1つ10点【50点】

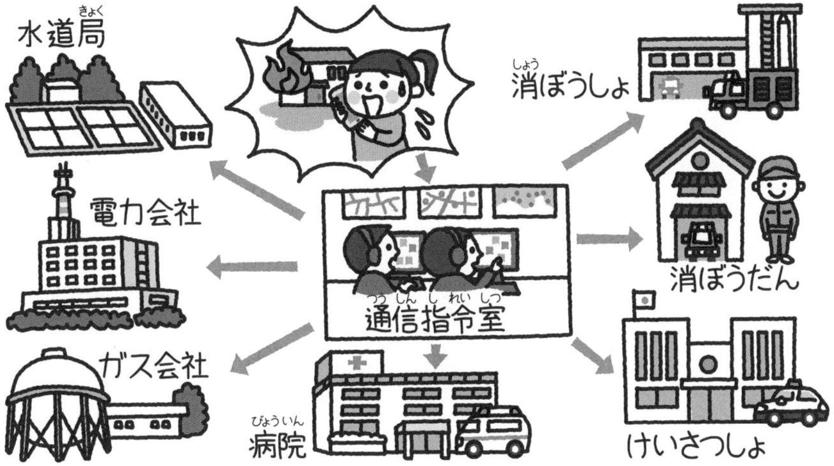
水道局《きょく》
消《しょう》ぼうしょ
電力会社
消ぼうだん
通信指令室《つうしんしれいしつ》
ガス会社
病院《びょういん》
けいさつしょ

① 火事を知らせるときの電話番号《ばんごう》は何番ですか。
（　　　　　　番）

② ①にかけた電話はどこにつながりますか。図の中の名前で答えましょう。 （　　　　　　）

③ ②が火事の知らせを受《う》けたあと，次のことをどこにれんらくしますか。

㋐ けが人が運《はこ》ばれます。じゅんびをしてください。
（　　　　　　）

㋑ 火事がおこっている〇〇町△丁目《ちょうめ》の電気を止めてください。 （　　　　　　）

㋒ 交通じゅうたいが発生《はっせい》しています。車と人の整理《せいり》をおねがいします。 （　　　　　　）

2 消《しょう》ぼうしょの仕事《しごと》について，次の問いに答えましょう。 【50点】

① 火事がおきていないときの消ぼうしょの人の様子《ようす》として，正しいものに〇，まちがっているものに×をつけましょう。 1つ8点（40点）

㋐（　） 夜には消ぼうしょの人はみんな家に帰ります。

㋑（　） 消ぼう自動車《じどうしゃ》や器具《きぐ》の点けんをして，いつでも出動できるじゅんびをしています。

㋒（　） 消火のくんれんなどをしています。

㋓（　） 地いきで火さい予ぼうをよびかけたり，小学校でぼう火しどうをしたりしています。

㋔（　） 消ぼう自動車が通れるように，ちゅう車いはんの取《と》りしまりをしています。

② 消ぼうしょの人のきんむについて，次の（　）にあてはまることばを答えましょう。 （10点）

24時間，消火や救助《きゅうじょ》にそなえるために，日ごとにほかの人と（　　　　）しながらきんむしています。

社会
11 火事《かじ》からくらしを守《まも》る②

目標時間《もくひょうじかん》 20 分

学習《がくしゅう》した日　　月　　日

名前

とく点

100点まんてん

答え▶117ページ

社会

1 まちの消《しょう》ぼうしせつについて，次《つぎ》の地図を見て，あとの問《と》いに答えましょう。【25点】

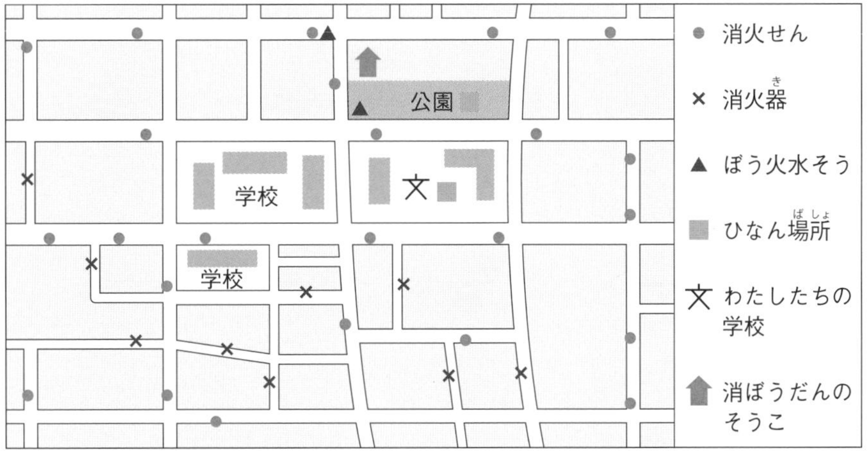

公園
学校
学校
文
消火せん
消火器《き》
ぼう火水そう
ひなん場所《ばしょ》
わたしたちの学校
消ぼうだんのそうこ

① まちにある消ぼうしせつで，いちばん多いものは何ですか。（15点）（　　　　　）

② 細い道に多くおかれている消ぼうしせつは何ですか。（10点）（　　　　　）

2 消ぼうだんについて，次の問いに答えましょう。【45点】

① 消ぼうだんはどんな人たちの集《あつ》まりですか。次から1つえらんで，記号《きごう》で答えましょう。（15点）（　　）

ア 全員《ぜんいん》が消ぼうしょではたらく人の家族《かぞく》。

イ 地いきに住《す》んでいる人で消ぼう活動《かつどう》をする人たち。

ウ 子どもを火事から守るために集まった学校の先生。

エ 消ぼうしせつをつくる仕事《しごと》をしている人たち。

② 消ぼうだんの活動として，正しいものに○，まちがっているものに×をつけましょう。1つ10点（30点）

㋐（　　）まちの消ぼうしせつを見回る。

㋑（　　）とうなん自転車《じてんしゃ》をさがす。

㋒（　　）市民《しみん》ぼうさいくんれんを開《ひら》く。

3 次の役《やく》わりをする学校の消ぼうせつびを，下からえらんで，記号で答えましょう。1つ10点【30点】

① 火やけむりがほかの部屋《へや》や階《かい》だんへ広がるのをふせぐ。（　　）

② 火事がおこったことを知らせる。（　　）

③ 水道かんにつながっていて，たくさんの水を出す。（　　）

ア

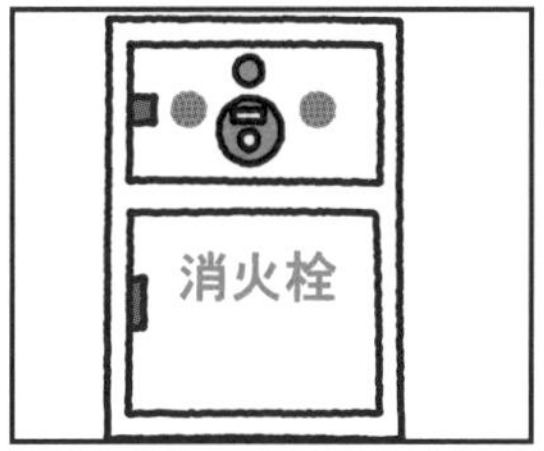

消火栓

イ

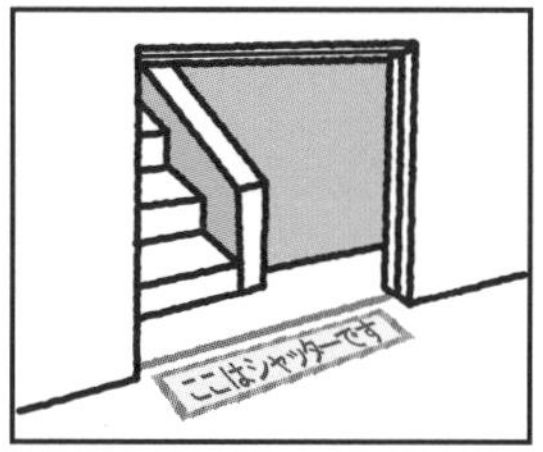

ここはシャッターです

ウ

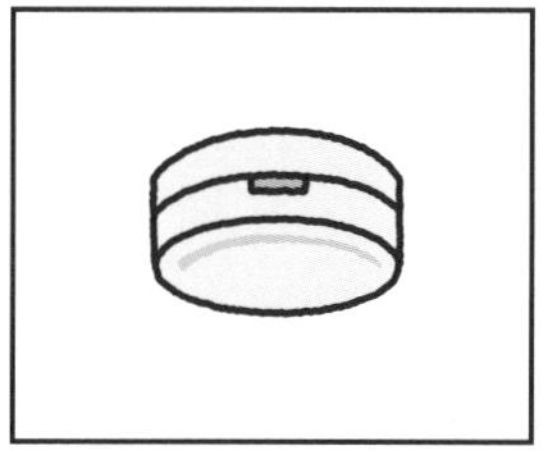

社会 12

事故《じこ》や事件《じけん》からくらしを守《まも》る①

目標時間《もくひょうじかん》 20 分

学習《がくしゅう》した日　　月　　日

名前

とく点

100点まんてん

答え▶117ページ

1 次《つぎ》の役《やく》わりをするしせつを右の写真《しゃしん》からえらんで，記号《きごう》で答えましょう。　1つ8点【32点】

ア
(ピクスタ)

イ
(ピクスタ)

ウ
(ピクスタ)

エ
(ピクスタ)

① 道が曲《ま》がっていて見えにくい場所《ばしょ》を見やすくする。(　　)

② 歩行者《ほこうしゃ》が安全《あんぜん》に道路《どうろ》をわたれるようにする。(　　)

③ 学校が近くにあることを車を運転《うんてん》する人につたえ，注意《ちゅうい》してもらう。(　　)

④ 目の不自由《ふじゆう》な人が道を安全に歩けるようにする。(　　)

2 安全なまちづくりのための取《と》り組みについて，正しいものに○，まちがっているものに×をつけましょう。　1つ9点【18点】

①(　　) こども110番の家や店は，いざというときに，子どもたちが助《たす》けをもとめられる場所である。

②(　　) 安全マップは，こう水などの自然《しぜん》さいがいのひがいが出やすい場所をまとめた地図である。

3 交通事故がおきたときのれんらくのしくみについて，次の図を見て，あとの問《と》いに答えましょう。　【50点】

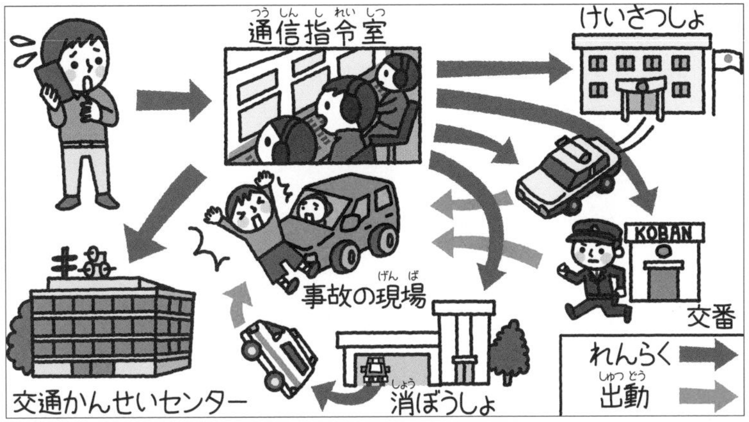

通信指令室《つうしんしれいしつ》
けいさつしょ
KOBAN
交番
事故の現場《げんば》
交通かんせいセンター
消《しょう》ぼうしょ
れんらく
出動《しゅつどう》

① 交通事故を通報《つうほう》するときの電話番号は何番ですか。　(10点)

(　　　　番)

② 知らせを受《う》けた通信指令室《つうしんしれいしつ》は，けがをした人がいて，救急車《きゅうきゅうしゃ》が必要《ひつよう》なとき，どこにれんらくをしますか。　(10点)

(　　　　)

③ 事故の現場《げんば》で，けいさつの人がする仕事《しごと》について，次の(　)にあてはまることばを答えましょう。　1つ15点(30点)

㋐ 道路の安全をかくほするため，(　　　　)をします。

㋑ 同じような事故をふせぐために，事故がおきてしまった(　　　　)をしらべます。

事故《じこ》や事件《じけん》からくらしを守《まも》る②

目標時間《もくひょうじかん》 20 分

学習《がくしゅう》した日　　月　　日

名前

とく点

100点まん点

答え▶118ページ

1 けいさつの人の仕事《しごと》について，次《つぎ》の問《と》いに答えましょう。

1つ10点【50点】

① けいさつの人の仕事にあてはまらないものを1つえらんで，記号《きごう》で答えましょう。　（　　）

ア　落《お》とし物《もの》の相談《そうだん》　　イ　地いきのパトロール

ウ　交通安全《あんぜん》のよびかけ　　エ　火事《かじ》のときの消火活動《しょうかかつどう》

② 右の絵は，けいさつの人のどんな仕事ですか。あてはまるものを次からえらんで，□に記号で答えましょう。

ア　行き先までの道をあんないする。

イ　学校で交通安全教室を開《ひら》き，自転車《じてんしゃ》の正しい乗《の》り方や交通ルールを教える。

ウ　白バイを使《つか》い，交通いはんの取《と》りしまりをする。

エ　交通事故などのときに，こんざつした道路《どうろ》の交通整《せい》理《り》をする。

2 まちの中の様子《ようす》について，次の問いに答えましょう。【50点】

① 次の（　　）にあてはまることばを答えましょう。（15点）

地いきの人は，事故や事件をふせぐために，ぼうはん（　　　　）や子ども見守り活動を行っています。

② 自転車に乗るときのきまりとしてあてはまらないものを次から2つえらんで，記号で答えましょう。

1つ10点（20点）（　　）（　　）

ア　2人乗りはきけんなのでやめる。

イ　まわりが暗《くら》くなったらライトをつける。

ウ　自転車せんようの道路ではなく，できるだけ歩道を通るようにする。

エ　ヘルメットをかぶると前が見えにくくなり，かえってきけんなので，かぶらないようにする。

③ お年よりやしょうがいのある人のためにつくられたしせつとしてあてはまらないものを次から1つえらんで，記号で答えましょう。　（15点）（　　）

ア　ボタンをおすと，青信号《あおしんごう》の時間が長くなる信号きをせっちしている。

イ　歩道にだんさをつくり，車道と歩道を区別《くべつ》している。

ウ　歩道に点字ブロックをせっちしている。

社会 14

市のうつりかわり

目標《もくひょう》時間 20 分

学習《がくしゅう》した日 月 日

名前

とく点

100点まんてん

答え▶118ページ

1 市の昔《むかし》と今の地図を見て，あとの問《と》いに答えましょう。

1つ10点【60点】

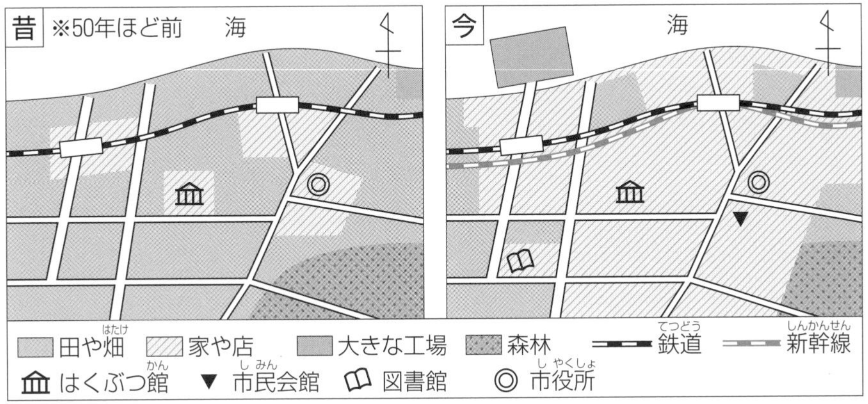

昔 ※50年ほど前
海
今
海
田や畑《はたけ》
家や店
大きな工場
森林
鉄道《てつどう》
新幹線《しんかんせん》
はくぶつ館《かん》
▼ 市民《しみん》会館
図書館
◎ 市役所《しやくしょ》

① 市の様子《ようす》のうつりかわりについて，（ ）にあてはまることばを，下の□からえらんで答えましょう。

㋐ 昔，（ ）や畑だったところの多くが（ ）や店になっている。

㋑ 昔は海だったところをうめ立てて，今はその場所に（ ）がある。

㋒ 新たな交通機関《きかん》として，今は（ ）が通っている。

工場	高速道路《こうそくどうろ》	新幹線	家	田	森林

② 今ある公共《こうきょう》しせつのうち，昔はなかったものを２つ答えましょう。 （ ）（ ）

2 次のグラフと年表《ねんぴょう》を見て，あとの問いに答えましょう。

1つ10点【40点】

市の人口のうつりかわり

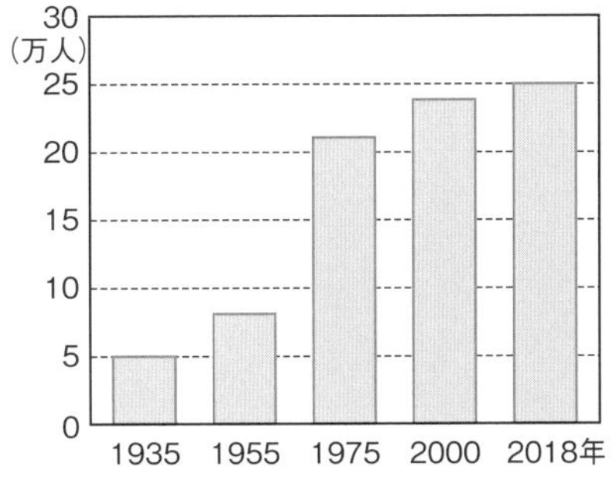

30
(万人)
25
20
15
10
5
0
1935
1955
1975
2000
2018年

市の年表

年	できごと
1890	鉄道《てつどう》が開通《かいつう》する
1932	国道が開通する
1964	大きな団地《だんち》ができる
1972	高速道路が開通する
1981	大きな工場ができる

① 市の人口のうつりかわりについて，正しいものに○，まちがっているものに×をつけましょう。

㋐（ ） 2018年の人口は，1935年の約《やく》３倍《ばい》である。

㋑（ ） 1975年の人口は20万人をこえている。

② グラフと年表を参考《さんこう》に，市のうつりかわりについて，（ ）にあてはまることばを答えましょう。

グラフを見ると，市の人口は，1955年から1975年にかけてとくに大きくふえたことがわかります。この間に，市に大きな（㋐ ）ができたり，（㋑ ）が開通したりしました。

くらしのうつりかわり

目標時間《もくひょうじかん》 20 分

学習《がくしゅう》した日　　月　　日

名前

とく点

100点まんてん

答え ▶ 118ページ

1 次《つぎ》の道具《どうぐ》について，あとの問《と》いに答えましょう。【54点】

あ  い  う 

① あ〜うは，それぞれ何をするときに使《つか》う道具ですか。次からあてはまるものをえらんで，記号《きごう》で答えましょう。 1つ10点（30点）

あ（　　）　い（　　）　う（　　）

ア　魚をやいたり，お湯《ゆ》をわかしたりするのに使う。
イ　部屋《へや》を明るくするのに使う。
ウ　せんたくをするときに使う。
エ　お米をとぐときに使う。

② 今使われている次の道具のなかから，あ〜うと同じ役《やく》わりをしているものをえらんで，記号で答えましょう。 1つ8点（24点）

あ（　　）　い（　　）　う（　　）

ア  イ  ウ  エ 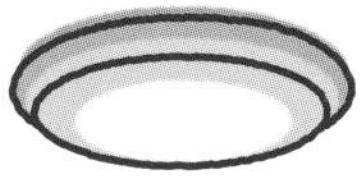

2 昔《むかし》の台所《だいどころ》の様子《ようす》の絵を見て，次の問いに答えましょう。 1つ9点【36点】

① 火がついていますが，ねんりょうには何を使っていますか。

（　　　　　　）

② 絵のころの生活の様子として，（　　）にあてはまることばを，〔　　〕からえらんで答えましょう。

絵のように，（ア　　　　　）を使ってりょうりをしていました。そのため，今よりもずっと多くの手間や（イ　　　　　）がかかっていました。

水は，（ウ　　　　　）からくんでかめにため，ひしゃくですくって使っていました。

〔 火ばち　　かまど　　水道　　井戸《いど》　　お金　　時間 〕

3 昔の道具や生活の様子をしらべるために行くとよいところを，次から1つえらびましょう。（　　　　　　） 【10点】

〔 市役所《しやくしょ》　　工場　　はくぶつ館《かん》 〕

かくにんテスト③

目標時間《もくひょうじかん》 20分
学習《がくしゅう》した日　　月　　日
名前
とく点
100点まん点
答え▶118ページ

1 火事《かじ》を消《け》すしくみについて，次《つぎ》の問《と》いに答えましょう。

1つ8点【24点】

① 消《しょう》ぼう自動車《じどうしゃ》や救急車《きゅうきゅうしゃ》に来てもらうときは，何番に電話をしますか。（　　　　番）

② 次の仕事《しごと》をしているのはどこですか。下から１つずつえらんで，記号《きごう》で答えましょう。

㋐ 地いきに住《す》む人でつくられている集《あつ》まりで，火事のときに，協力《きょうりょく》して消火活動にあたる。（　　）

㋑ 火事の現場《げんば》の水圧《すいあつ》を上げる。（　　）

ア　けいさつしょ　　イ　水道局《きょく》　　ウ　消ぼうだん

2 事故《じこ》や事件《じけん》からくらしを守《まも》るしくみについて，次の問いに答えましょう。

1つ8点【24点】

① 交通事故を通報《つうほう》する電話は，けいさつ本部《ほんぶ》のどこにつながりますか。（　　　　）

② けいさつの人の仕事について，次の（　　）にあてはまることばを，〔　　〕からえらんで答えましょう。

㋐ 白バイで（　　　　）の取《と》りしまりをする。

㋑ （　　　　）を開《ひら》き，交通ルールを教える。

〔 交通安全《あんぜん》教室　消火くんれん　交通いはん　信号《しんごう》き 〕

3 次の昔《むかし》の道具《どうぐ》と，同じはたらきをする今の道具を下からえらんで，記号で答えましょう。

1つ7点【28点】

① 
② 
③ 
④ 

①（　　）　②（　　）　③（　　）　④（　　）

ア　ヒーター　　イ　せんたくき　　ウ　電気そうじき
エ　電気すいはんき　　オ　けいたい音楽プレーヤー

4 市の子どもとお年よりの数の変化《へんか》をしめした右のグラフを見て，次の問いに答えましょう。

1つ8点【24点】

① 子どもの数は，ふえていますか。へっていますか。
（　　　　）

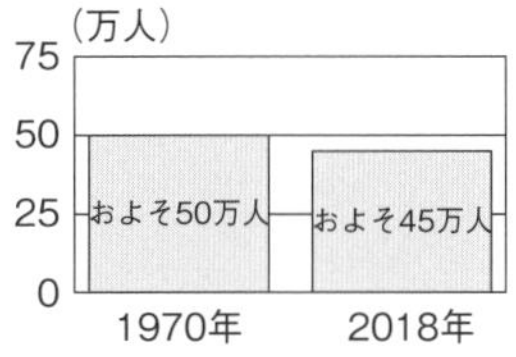

子どもの数

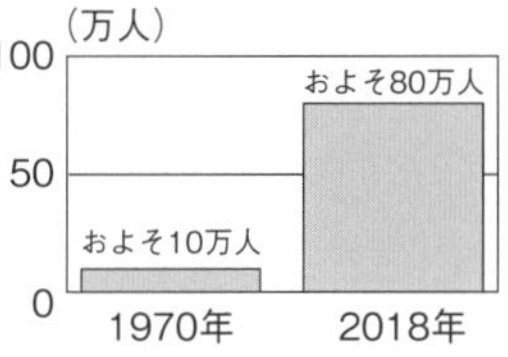

お年よりの数

② お年よりの数は約何倍《なんばい》になっていますか。（　　　　）

③ 子どもからお年よりまでみんながりようする公共《こうきょう》しせつは，何というお金でたてられますか。
（　　　　）

理科 1

植物《しょくぶつ》のたねをまこう

目標《もくひょう》時間 20 分

学習《がくしゅう》した日　月　日

名前

とく点

100点まんてん

答え 119ページ

1 次《つぎ》の絵は，何の植物のたねですか。□の中からあてはまる名前をえらび，（　）に書きましょう。 1つ10点【40点】

①

（　　　　　　）

②

（　　　　　　）

③

（　　　　　　）

④

（　　　　　　）

オクラ	ヒマワリ	アサガオ
マリーゴールド	ホウセンカ	

2 ホウセンカのたねのまき方で正しいのはどれですか。（　）に記号《きごう》を書きましょう。 【10点】（　　　　）

ア

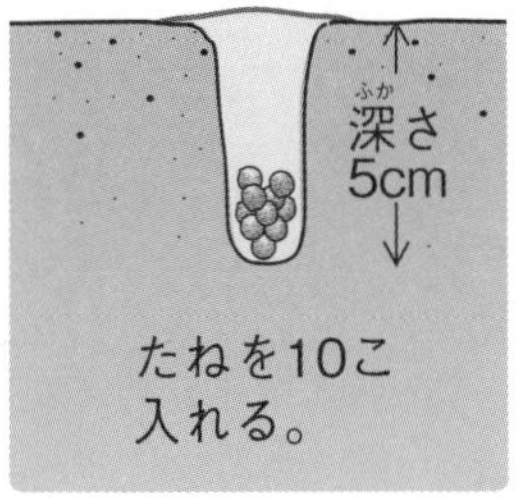
深《ふか》さ
5cm
たねを10こ
入れる。

イ

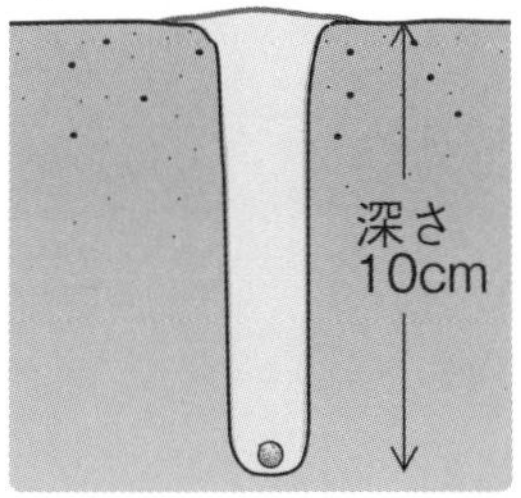
深さ
10cm

ウ

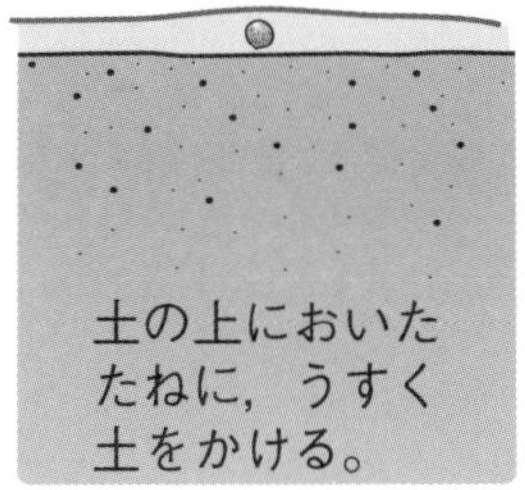
土の上においた
たねに，うすく
土をかける。

3 たねまきについて，せつ明しています。〔　〕の中から正しいものをえらび，記号に○をつけましょう。 1つ10点【40点】

① たねをまく土は，〔ア　かたい　　イ　やわらかい〕ほうがよい。

② たねをまいた後《あと》は,〔ア　水　　イ　ひりょう〕をやる。

③ 水やりは，〔ア　できるだけたくさん
イ　土がかわかないていどに〕やる。

④ たねをまいたところには，植物の名前や，まいた〔ア　日にち　　イ　時間〕を書いたふだを立てておく。

4 虫めがねでかんさつするときのようすで，ア，イから正しいものをえらび，記号に○をつけましょう。 1つ5点【10点】

① 動かせないものを見るとき

ア　自分と虫めがねを，それぞれ動かす。

イ　虫めがねを目に近づけて動かさずに，自分が動く。

② 手に持《も》ったものを見るとき

ア　虫めがねを目に近づけて動かさずに，見るものを動かす。

イ　見るものを動かさず，虫めがねを動かす。

植物《しょくぶつ》の育《そだ》ち

目標《もくひょう》時間 20分　学習《がくしゅう》した日　月　日
名前
とく点
100点まん点
答え 119ページ

1 下の絵は，植物のたねと子葉《しよう》のようすです。それぞれどの植物のものですか。線でむすびましょう。 1つ5点【30点】

①アサガオ　②ホウセンカ　③マリーゴールド

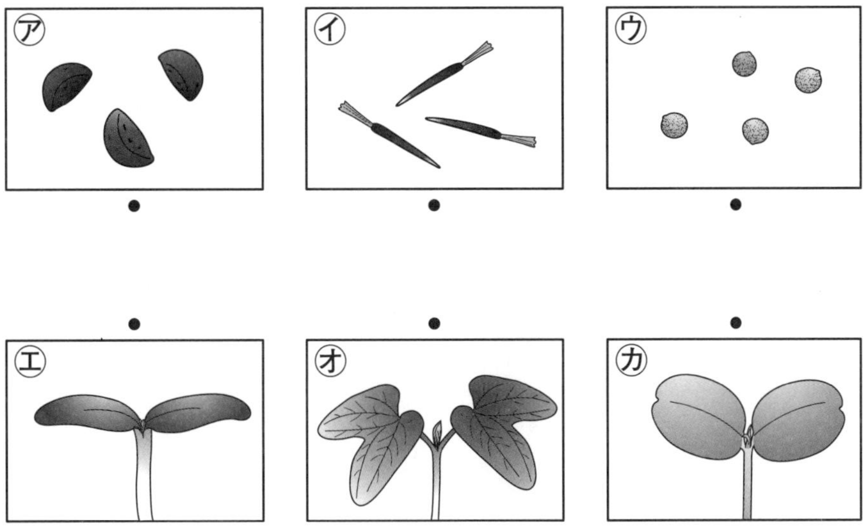

2 次《つぎ》の文の(　　)にあてはまることばや数を書きましょう。 1つ10点【30点】

ホウセンカの子葉は(　　　　)まいでふえません。育ってくると，葉《は》の数は(　　　　)，葉の大きさは大きくなります。また，草たけは(　　　　)くなります。

3 オクラのめについての次の問《と》いに，あ，いの記号《きごう》で答えましょう。 1つ5点【10点】

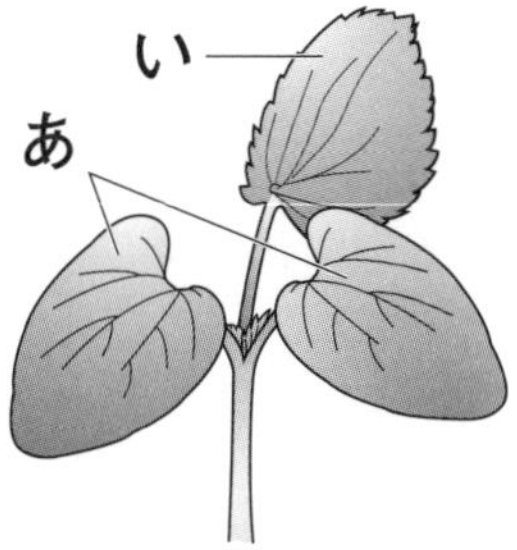

① さいしょに出たのは，どちらの葉ですか。　(　　　　)

② 数がふえるのは，どちらの葉ですか。　(　　　　)

4 ヒマワリの育つようすについて，次の問いに答えましょう。 1つ15点【30点】

① ヒマワリの育つじゅんに，1～4の番号を(　　)に書きましょう。 全部《ぜんぶ》できて(15点)

(　　)　(　　)　(　　)　(　　)

② ヒマワリの草たけのはかり方で，正しいものは㋐～㋒のどれですか。

(　　)

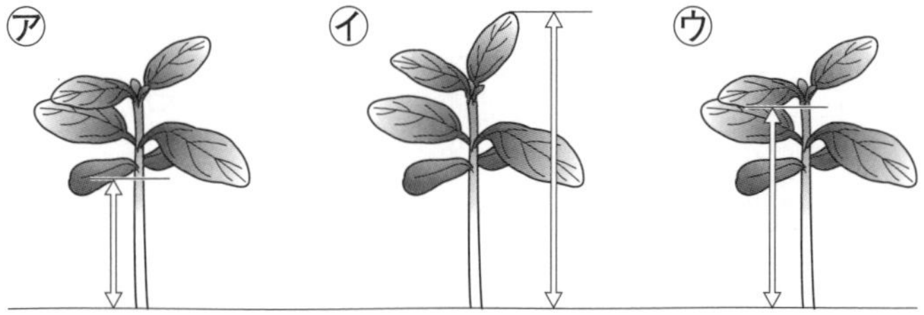

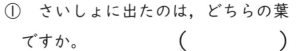

チョウを育《そだ》てよう

目標時間《もくひょう じかん》 20 分

学習《がくしゅう》した日　月　日

名前

とく点

100点まんてん

答え 119ページ

1 モンシロチョウとアゲハの育ちについて，下の問《と》いに答えましょう。 1つ6点【54点】

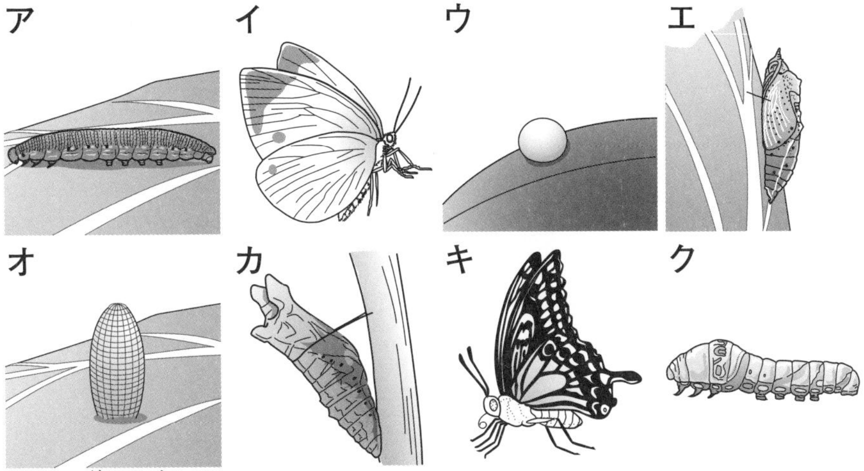

① 次《つぎ》の表《ひょう》の㋐にあてはまることばを書きましょう。

	たまご	よう虫《ちゅう》	㋐	せい虫《ちゅう》
モンシロチョウ	㋑	㋒	㋓	㋔
アゲハ	㋕	㋖	㋗	㋘

② 上の表の㋑～㋘にあてはまる絵を，表の上のア～クからえらび，記号《きごう》を書きましょう。

2 モンシロチョウのたまご，よう虫についてのせつ明で，正しいほうの記号に〇をつけましょう。 1つ7点【28点】

① たまごは〔ア　キャベツの葉《は》　イ　ミカンの葉〕のうらにうみつけられ，よう虫はキャベツの葉を食べる。

② たまごの大きさは，およそ〔ア　1cm　イ　1mm〕である。

③ たまごからかえったばかりのよう虫は，いちばんはじめに〔ア　たまごのからを食べる　イ　何も食べない〕。

はってん

④ 右の絵で，よう虫の頭はア，イのどちらですか。絵の中の記号に〇をつけましょう。

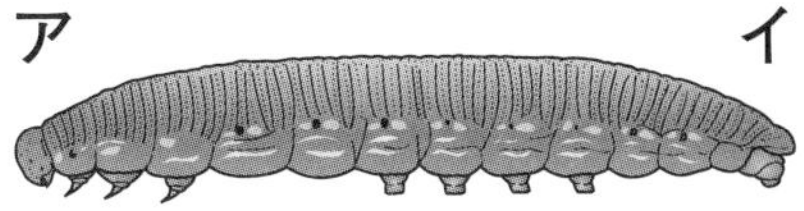

3 さなぎのようすについて，正しいものを3つえらび，記号に〇をつけましょう。 1つ6点【18点】

ア　さなぎは葉のしるをすって育つ。

イ　さなぎは，何も食べない。

ウ　さなぎは動《うご》いて，いる場所《ばしょ》をかえる。

エ　さなぎになると，動きまわらない。

オ　さなぎは大きくならない。

かくにんテスト①

目標《もくひょう》時間 20 分　学習《がくしゅう》した日　月　日

名前

とく点　100点まん点

答え 119ページ

1 植物《しょくぶつ》のたねをまいて育《そだ》てます。　1つ10点【50点】

① ホウセンカとオクラのたねは，㋐～㋒のどれですか。□に記号《きごう》を書きましょう。

ホウセンカ

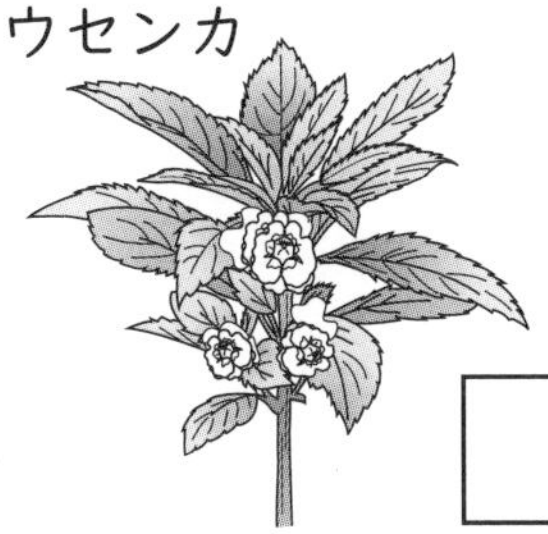

□

オクラ

□

㋐ 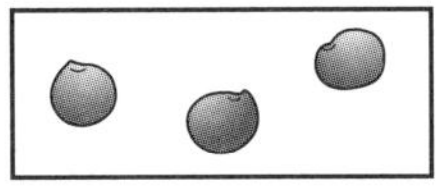　㋑ 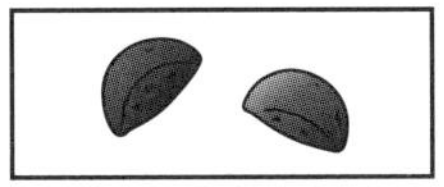　㋒ 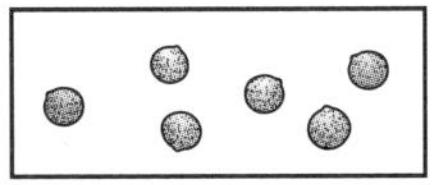

② ホウセンカの育つようすです。次《つぎ》の問《と》いに答えましょう。

㋐ アからこの後《あと》に出てくるのは，イ，ウのどちらですか。
（　　）

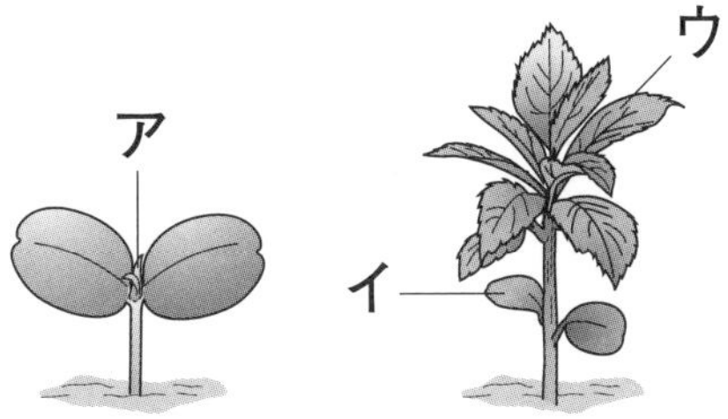

㋑ 2まいだけ出る葉《は》は，イ，ウのどちらですか。
（　　）

㋒ 草たけは，この後どうなっていきますか。
（　　　　　　　　　　）

2 モンシロチョウの育ち方を調《しら》べます。　1つ5点【30点】

① ㋑～㋓のころを何といいますか。（　　）に書きましょう。

㋐ 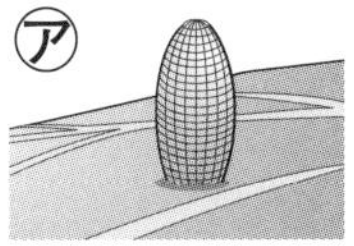　㋑ 　㋒ 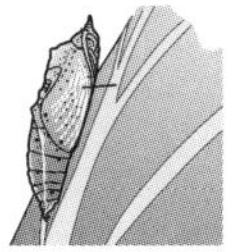　㋓ 

たまご　（　　　　）（　　　　）（　　　　）

② 育つじゅんに，□に記号を書きましょう。

㋐ ➡ □ ➡ □ ➡ □

3 モンシロチョウのたまごとよう虫《ちゅう》をかいます。（　）の中から正しいことばをえらび，ア，イに○をつけましょう。　1つ10点【20点】

① たまごは，入《い》れ物《もの》に（ア　ピンセットでとって　イ　葉につけたまま）入れる。

② 入れ物に入れるキャベツは，（ア　毎日新しいものにかえる　イ　しばらくの間はかえない）。

理科 5

こん虫《ちゅう》のからだのつくり

目標時間《もくひょうじかん》 20分

学習《がくしゅう》した日　月　日

名前

とく点

100点まん点

答え 119ページ

1 モンシロチョウのからだのつくりについて，次《つぎ》の問《と》いに答えましょう。　1つ5点【65点】

① モンシロチョウのからだの部分《ぶぶん》の名前を書きましょう。

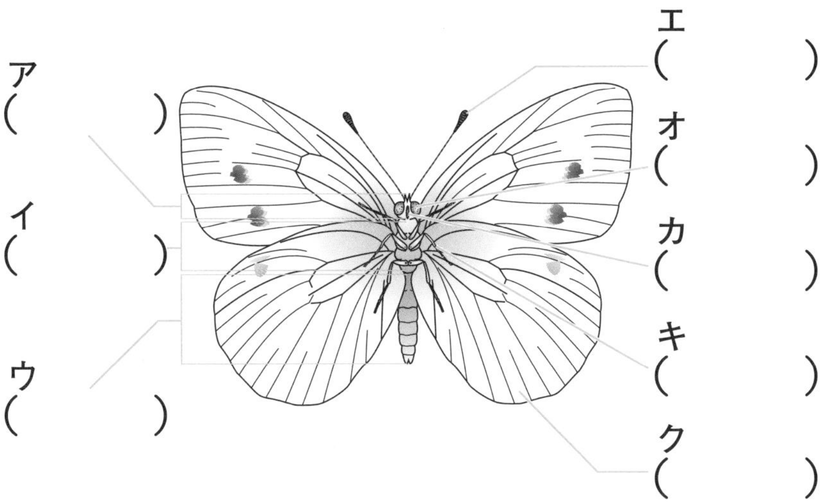

② こん虫のからだについてのせつ明です。〔　　〕の中から正しいものをえらび，○でかこみましょう。

ア　こん虫のからだは，〔2，3，4〕つの部分に分かれている。

イ　こん虫のあしは，〔2，4，6〕本ある。

ウ　こん虫のはねは，〔頭，むね，はら〕についている。

エ　こん虫のあしは，〔むね，はら，どう〕についている。

オ　こん虫のからだは，頭，むね，〔はら，どう，お〕でできている。

はってん

2 次の絵を見て，次の文の〔　　〕の中から正しいことばをえらび，記号《きごう》に○をつけましょう。　1つ5点【35点】

① クモのからだは，〔ア　2つ　　イ　3つ〕に分かれていて，あしは〔ウ　6本　エ　8本〕ある。だから，クモは〔オ　こん虫だ　カ　こん虫ではない〕。

クモ

② トンボのからだは，〔ア　2つ　　イ　3つ〕に分かれ，あしは6本ある。だから，トンボは〔ウ　こん虫だ　エ　こん虫ではない〕。

トンボ

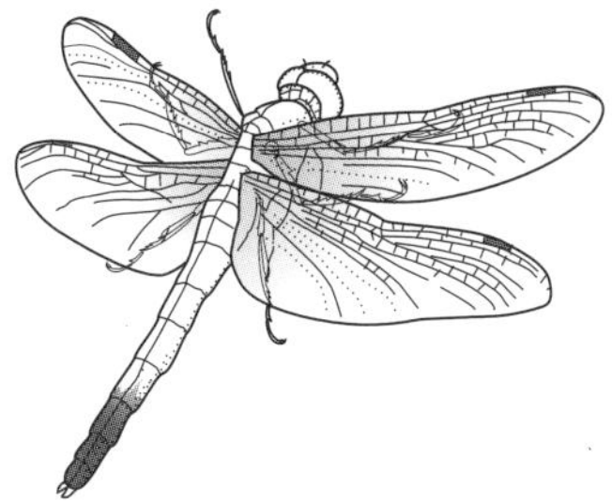

③ ダンゴムシのあしは，14本ある。だから，ダンゴムシは〔ア　こん虫だ　イ　こん虫ではない〕。

ダンゴムシ

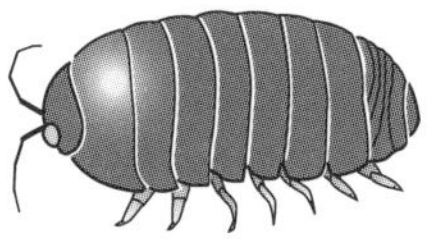

④ はねの数(まい数)が，2まいか4まいかは，こん虫かこん虫ではないかにかんけいが〔ア　ない　　イ　ある〕。

植物《しょくぶつ》のからだのつくり

目標時間《もくひょうじかん》 20 分

学習《がくしゅう》した日　月　日

名前

とく点

100点まん点

答え 119ページ

1 ホウセンカのからだのつくりを調《しら》べます。次《つぎ》の問《と》いに答えましょう。 1つ10点【40点】

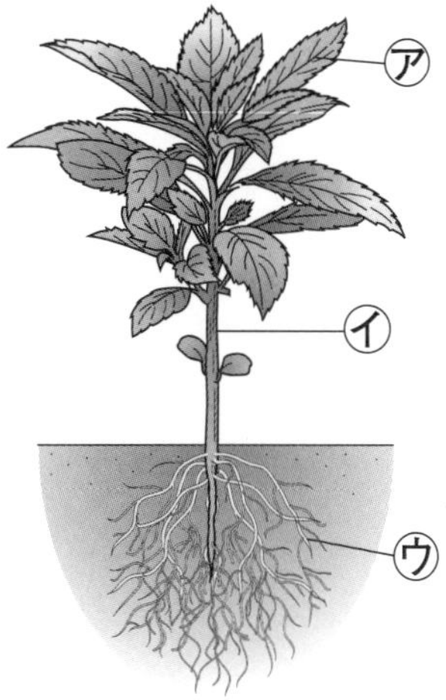

① ㋐～㋒の部分《ぶぶん》の名前を書きましょう。

㋐(　　　　　　)

㋑(　　　　　　)

㋒(　　　　　　)

② 葉《は》は，からだのどの部分についていますか。

(　　　　　　)

2 次のア～エの文は，植物のからだのどの部分のせつ明ですか。「根《ね》」「くき」「葉」のことばを書きましょう。

1つ5点【20点】

ア(　　　)土の中で，細かく分かれて広がっている。
イ(　　　)葉は，どれもこの部分についている。
ウ(　　　)地面《じめん》の上にあって，育《そだ》つと，数がふえてくる。
エ(　　　)地面の下にあって，植物のからだ全体《ぜんたい》をささえている。

3 次の植物のからだについてのせつ明で，正しいものには○，まちがっているものには×をつけましょう。1つ5点【15点】

ア(　　　)どの植物も，根・くき・葉からできている。
イ(　　　)ちがうしゅるいの植物でも，根・くき・葉の形は同じである。
ウ(　　　)葉はくきについていて，根はくきの下から出ている。

はってん

4 シロザとエノコログサのからだのつくりが合うように，線でむすびましょう。 全部《ぜんぶ》できて【25点】

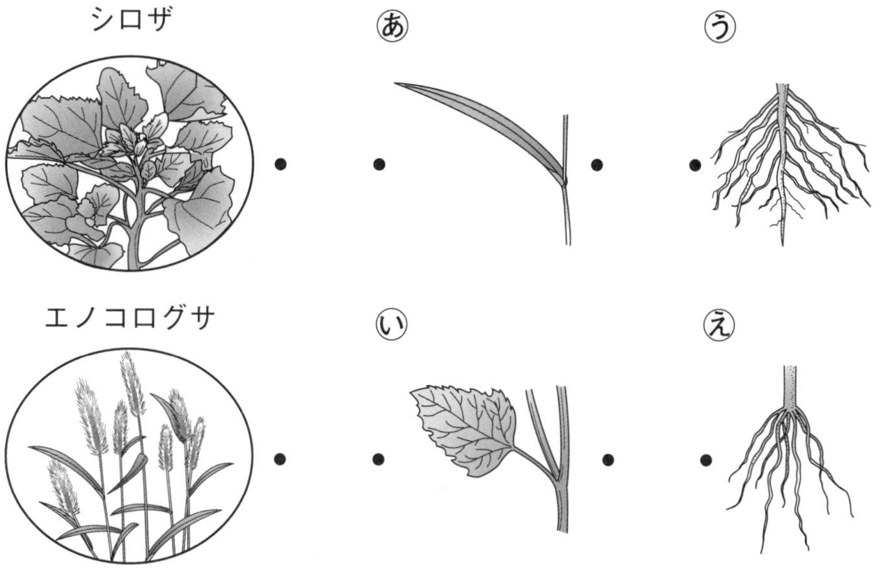

こん虫《ちゅう》の育《そだ》ち方《かた》

目標時間《もくひょう》 20分

学習《がくしゅう》した日　　月　　日

名前

とく点

100点まんてん

答え 120ページ

1 バッタの育ち方を調《しら》べました。下の問《と》いに答えましょう。

1つ5点【20点】

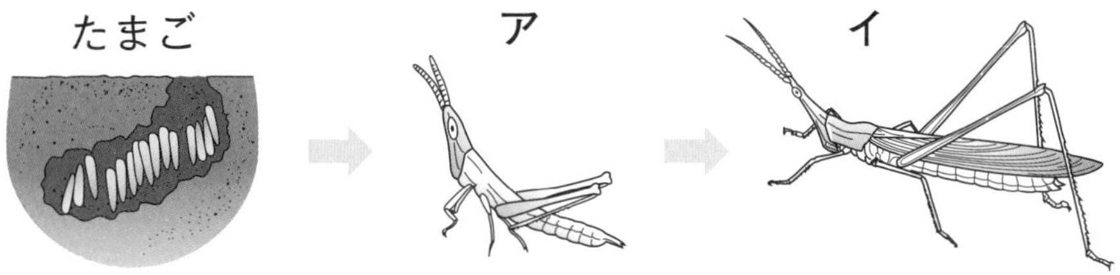

① アとイのころのすがたをそれぞれ何といいますか。

ア(　　　　　　　)　イ(　　　　　　　)

② 皮《かわ》をぬいで大きくなるのは，ア，イのどちらのころですか。　(　　)

③ バッタは，さなぎになりますか，なりませんか。

(　　　　　　)

2 〈たまご→よう虫《ちゅう》→さなぎ→せい虫《ちゅう》〉のじゅんに育つこん虫はア，〈たまご→よう虫→せい虫〉のじゅんに育つこん虫はイの記号《きごう》を(　)に書きましょう。

1つ5点【30点】

①(　　)モンシロチョウ　②(　　)オオカマキリ

③(　　)トノサマバッタ　④(　　)トンボ

⑤(　　)エンマコオロギ　⑥(　　)アゲハ

3 こん虫がどんなところをすみかにしているのかを調べます。下の文の(　　)にあてはまることばを□からえらびましょう。

1つ10点【50点】

① ショウリョウバッタのよう虫が，葉《は》の上にいるのは(　　　　　　)を食べ物《もの》としているからです。

② オオカマキリはせい虫もよう虫も，草むらでほかの(　　　　　　)をつかまえて食べます。

③ アブラゼミは(　　　　　　)をすうので，(　　　　　　)にとまってすみかとしています。

④ カブトムシのよう虫は，(　　　　　　)にいます。

木のしる	草	木のみき	こん虫	土の中

理科 8

植物《しょくぶつ》の花と実《み》

目標《もくひょう》時間 20 分　学習《がくしゅう》した日　月　日

名前

とく点　100点まんてん

答え ▷ 120ページ

1 次《つぎ》の絵の中からホウセンカの花，実，たねを1つずつえらび，記号《きごう》で答えましょう。　1つ10点【30点】

ア 
イ 
ウ 
エ 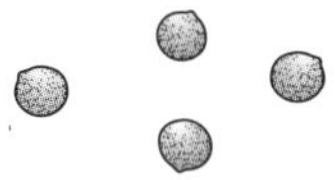
オ 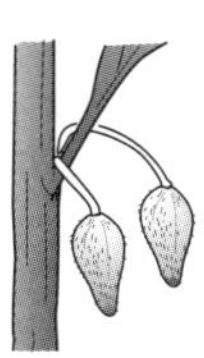
カ 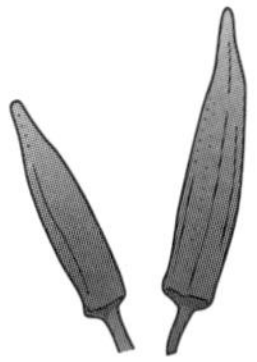

花（　　　）　実（　　　）　たね（　　　）

2 次のア～オは，ホウセンカやヒマワリの花についてせつ明しています。正しいものを2つえらび，記号を書きましょう。　1つ10点【20点】

（　　　），（　　　）

ア　花がさいた後《あと》に，葉《は》の先に実ができていた。
イ　春にたねをまくと，2週間で花がさいた。
ウ　花がさくときには，葉はすべてかれている。
エ　花がさくころには，子葉《しよう》はかれている。
オ　花はくきのとちゅうや，くきの先にさく。

3 次の絵は，何の植物の実ですか。名前の（　　）に，あてはまる絵をえらび，記号を書きましょう。　1つ5点【30点】

ア 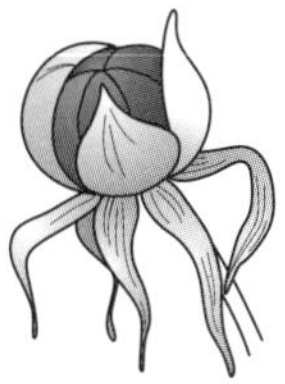
イ 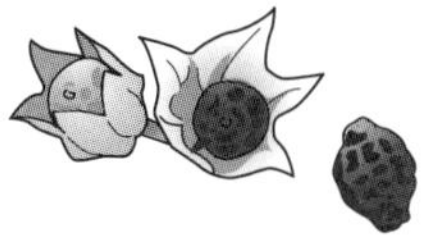
ウ 
エ 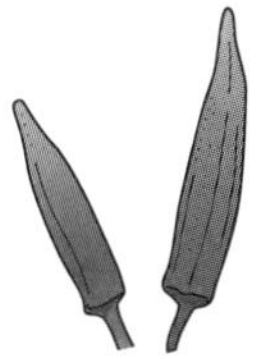
オ 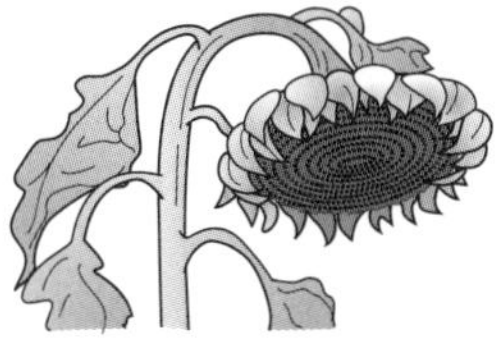
カ 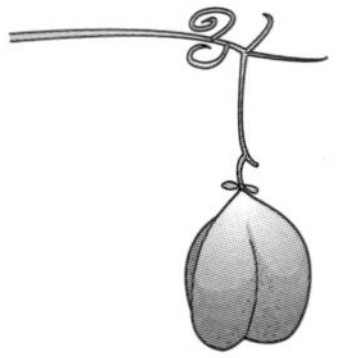

オシロイバナ（　　　）　アサガオ（　　　）
マリーゴールド（　　　）　ヒマワリ（　　　）
フウセンカズラ（　　　）　オクラ（　　　）

はってん
4 ヒマワリの実がじゅくした10月に，根《ね》をほりおこして調《しら》べました。10月ごろの根のようすは㋐，㋑のどちらですか。　【20点】

（　　　）

㋐ 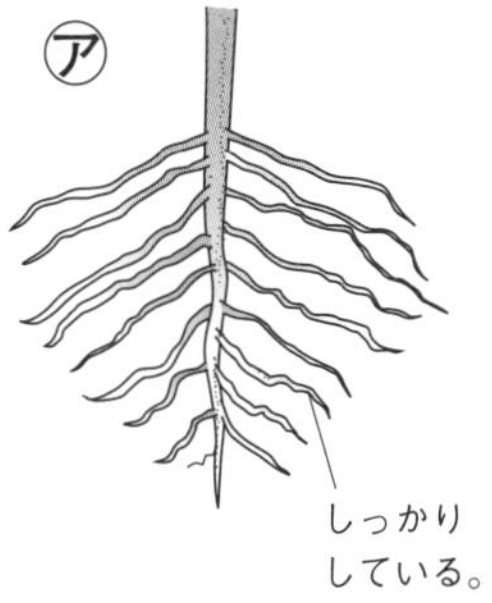

㋑ 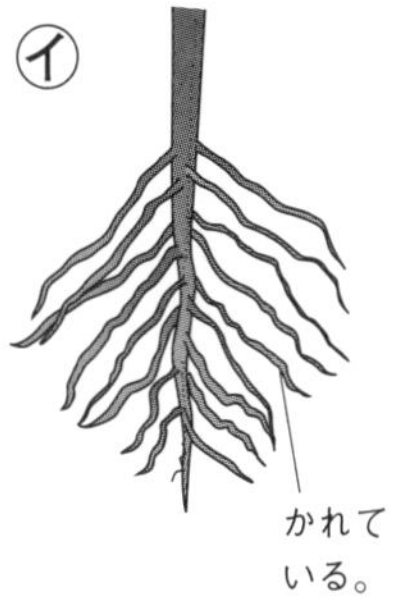

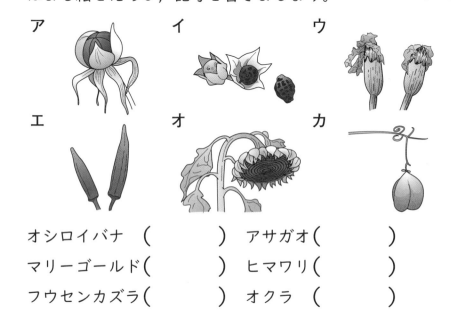

理科

9

植物《しょくぶつ》の一生《いっしょう》

目標時間《もくひょうじかん》 20 分

学習《がくしゅう》した日　　月　　日

名前

とく点

100点まん点

答え ▶ 120ページ

1 次《つぎ》の絵は，ホウセンカの育《そだ》つようすです。絵を見て，次の問《と》いに答えましょう。　1つ10点【50点】

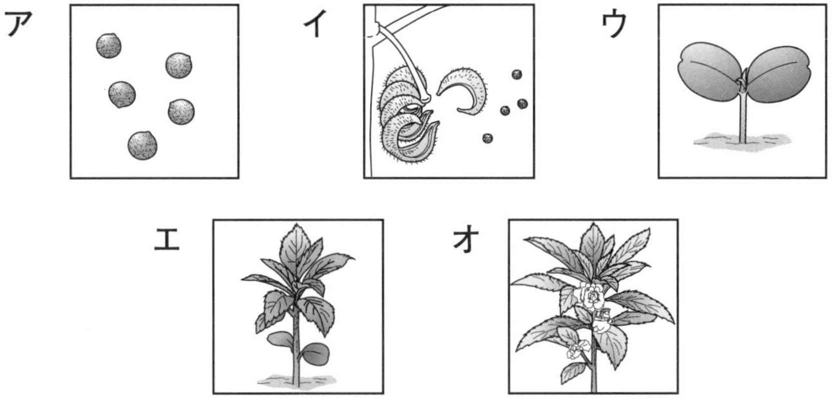

① 育つじゅんに，記号《きごう》を書きましょう。　全部《ぜんぶ》できて（10点）

（ ア ➡ 　 ➡ 　 ➡ 　 ➡ 　 ）

② 次の文の（　）にあてはまることばを□からえらび，書きましょう。

春にたねをまいたホウセンカは，（㋐　　　）ごろに花をさかせます。実《み》の中には（㋑　　　）が入っていて，やがて（㋒　　　）します。葉《は》やくきは（㋓　　　）てしまいますが，できたたねを次の春にまくと，また，たねからめが出ます。

たね	かれ	夏	秋	じゅく

2 春にたねをまいたヒマワリの育つようすについて，次の問いに答えましょう。　1つ10点【50点】

① 次の１～３のことがあてはまるのは，上の絵のア～エのどのときですか。

１　草たけがよくのびる。

（　　）から（　　）

２　葉がかれはじめる。　（　　）

３　たねがじゅくした。　（　　）

② 正しいせつ明をしている文を１つえらび，（　）に○をつけましょう。

(あ)（　）くきがかれると，たねはくさってしまう。

(い)（　）できたたねを次の春にまくと，めが出てくる。

(う)（　）できたたねは，地面《じめん》に落《お》ちてからじゅくす。

(え)（　）くきがかれても，根《ね》は生き生きとしている。

理科 10

かくにんテスト②

目標時間《もくひょうじかん》 20分

学習《がくしゅう》した日　月　日

名前

とく点

100点まん点

答え 120ページ

理科

1 こん虫《ちゅう》のからだのつくりをくらべました。次《つぎ》の問《と》いに答えましょう。

1つ15点【30点】

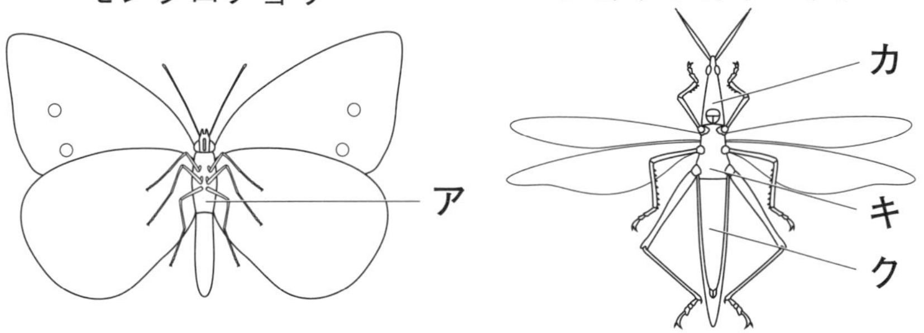

① モンシロチョウのアの部分《ぶぶん》は，ショウリョウバッタのカ～クのどの部分にあたりますか。（　　）

② アの部分は，ほかのどのこん虫にもありますか。（　　）の中から正しいものをえらび，○をつけましょう。

（ ある。　　ない。）

2 ①モンシロチョウと②オオカマキリの育《そだ》ち方はそれぞれ，次の㋐～㋓のどれですか。記号《きごう》で答えましょう。

1つ10点【20点】

㋐ たまご→よう虫《ちゅう》→せい虫《ちゅう》

㋑ たまご→さなぎ→よう虫→せい虫

㋒ たまご→さなぎ→せい虫

㋓ たまご→よう虫→さなぎ→せい虫

①（　　）

②（　　）

3 ホウセンカの一生《いっしょう》を表《あらわ》すには，①～③の絵を，ア～ウのどこに入れますか。（　　）に記号を書きましょう。

1つ10点【30点】

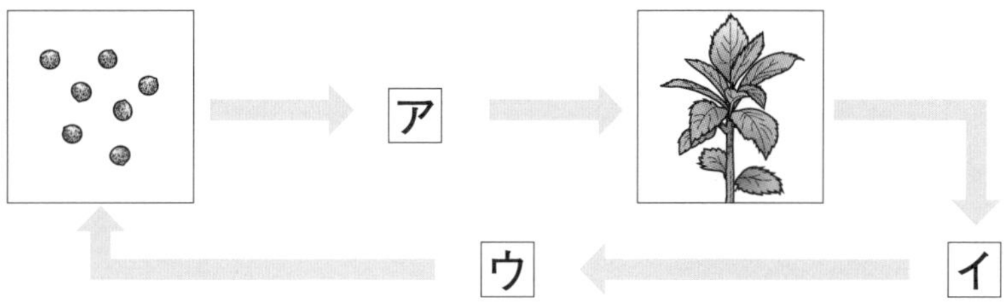

（　　）　（　　）　（　　）

4 花がさいた後《あと》にできたたねについてせつ明しています。正しいものを2つえらび，（　　）に○をつけましょう。

1つ10点【20点】

ア（　　）春にまいたたねとちがう形をしている。

イ（　　）春にまいたたねとよくにている。

ウ（　　）できたたねをまいても，めは出ない。

エ（　　）１つの花から１つのたねができるものや，たくさんのたねができるものがある。

目標時間《もくひょうじかん》 20分

学習《がくしゅう》した日　月　日

名前

とく点

100点まん点

答え 120ページ

太陽《たいよう》の動《うご》きと日なた・日かげ

1 次《つぎ》の絵は，いろいろな時こくの太陽のいちと，そのときできたかげを表《あらわ》しています。下の問《と》いに答えましょう。

【40点】

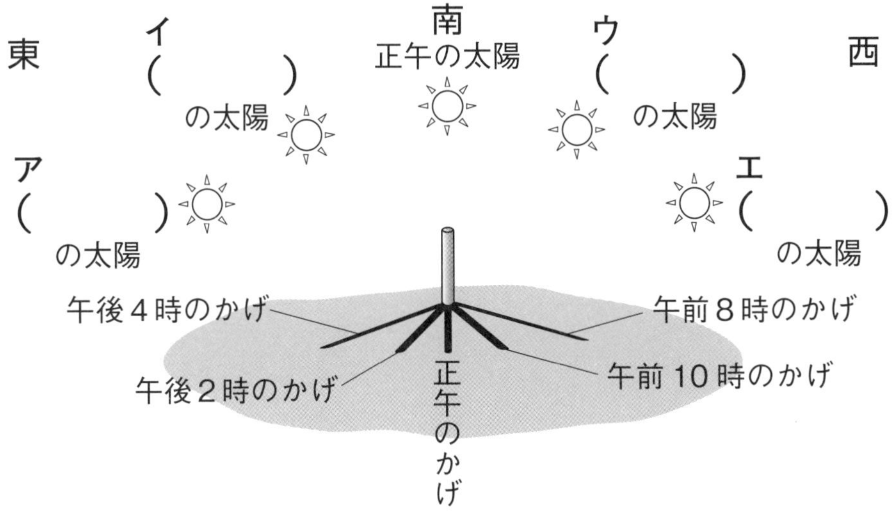

東
イ
(　　　　)
の太陽
南
正午の太陽
ウ
(　　　　)
の太陽
西
ア
(　　　　)
の太陽
エ
(　　　　)
の太陽
午後４時のかげ
午前８時のかげ
午後２時のかげ
午前10時のかげ
正午のかげ

① 上の絵のア～エのいちにある太陽の時こくを，(　　)に書きましょう。

全部《ぜんぶ》できて(20点)

② 次の文の(　　)にあてはまることばを□からえらび，書きましょう。

1つ10点(20点)

太陽の光を(オ　　　　　)ものがあると，かげは，太陽の(カ　　　　　)がわにできる。

通す	反対《はんたい》	同じ	さえぎる

2 日なたと日かげの地面《じめん》のようすをくらべました。次の文で，正しいものには○，まちがっているものには×を(　　)に書きましょう。

1つ5点【30点】

①(　　　)日なたのほうがあたたかい。

②(　　　)日かげのほうがしめりけがある。

③(　　　)あたたかさはどちらも同じ。

④(　　　)水をまくと，日なたのほうがはやくかわく。

⑤(　　　)明るさは，どちらも同じ。

⑥(　　　)日かげのほうが暗《くら》い。

3 温度計《おんどけい》で地面の温度をはかります。

1つ15点【30点】

① 日なたの地面の温度のはかり方で正しいのは，ア，イのどちらですか。

(　　　　)

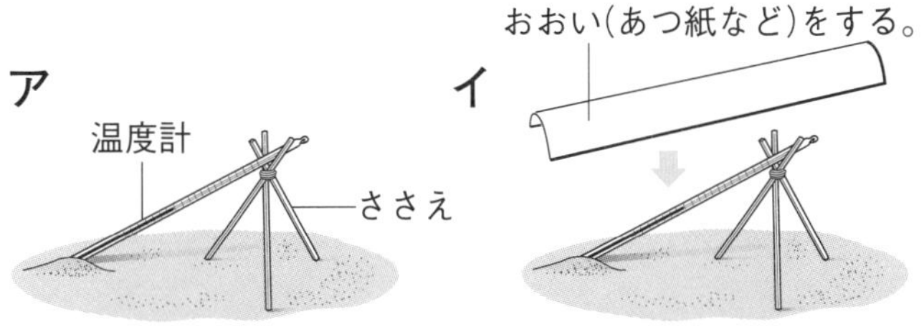

おおい(あつ紙など)をする。
ア
イ
温度計
ささえ

② 右の温度計がしめしている温度は，何℃ですか。

30
20
10

(　　　　　　　)

理科 12

光と音のはたらきを調《しら》べよう

1 かがみではね返《かえ》した日光をかべのまとに当てました。〔　　〕の中の正しいことばを○でかこみましょう。

1つ5点【30点】

① はね返した日光が当たったまとは，〔明るく，暗《くら》く〕なった。

② まとにさわると，〔あたたか，つめた〕かった。

③ はね返した日光は〔まがって，まっすぐに〕進《すす》む。

④ まとの温度《おんど》をはかったら，日かげの部分《ぶぶん》より温度は〔ひく，高〕かった。

⑤ これらのじっけんは，〔晴れ，雨〕の日にやった。

⑥ 光の道すじ(通り道)に手を入れると，まとに手のかげが〔できた，できなかった〕。

2 虫めがねで日光を集《あつ》めました。アとイの部分は，どちらが明るいですか。記号《きごう》で答えましょう。【20点】

(　　)

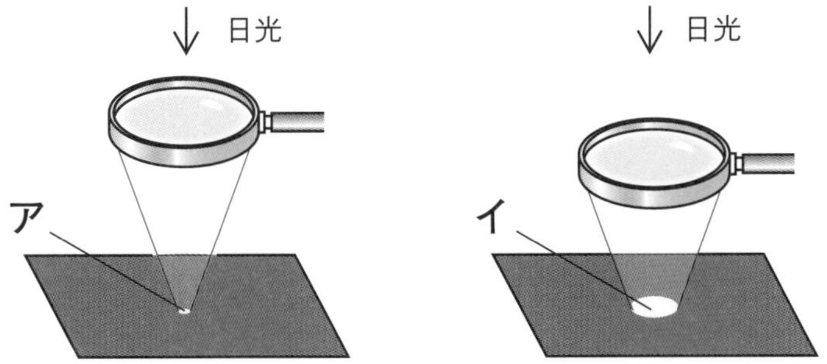

3 トライアングルをたたいたときのようすを調べます。次《つぎ》の問《と》いに答えましょう。

1つ10点【30点】

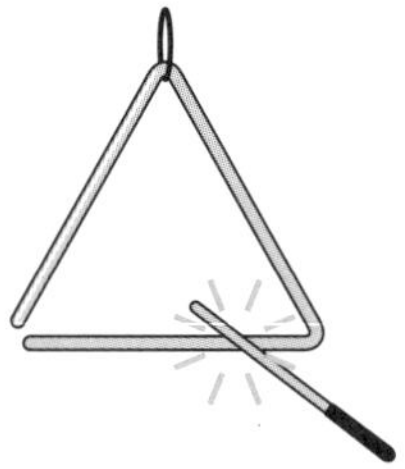

① トライアングルから音が出ているとき，トライアングルはどうなっていますか。(　　　　　)

② トライアングルをたたいて音を出し，指先《ゆびさき》でそっとふれると，音はどうなりますか。(　　　　　)

③ 強くたたいたときの音について，正しいせつ明をしている文を１つえらび，(　　)に○をつけましょう。

ア(　　)ふるえが大きく，音が小さい。

イ(　　)ふるえが大きく，音が大きい。

ウ(　　)ふるえが小さく，音が大きい。

4 糸電話で話しているときのようすについて，次の問いに答えましょう。

1つ10点【20点】

① 話しているときに糸にそっとふれると，糸はどうなっていますか。(　　　　　)

② 話しているときに糸をつまむと，音の聞こえ方はどうなりますか。(　　　　　)

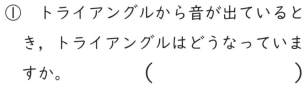

風やゴムのはたらきを調《しら》べよう

目標時間《もくひょうじかん》 20 分

学習《がくしゅう》した日　　月　　日

名前

とく点

100点まんてん

答え ▶ 121ページ

1 風で動《うご》く車を作って，風の力を調べます。次《つぎ》の問《と》いに答えましょう。

1つ10点【60点】

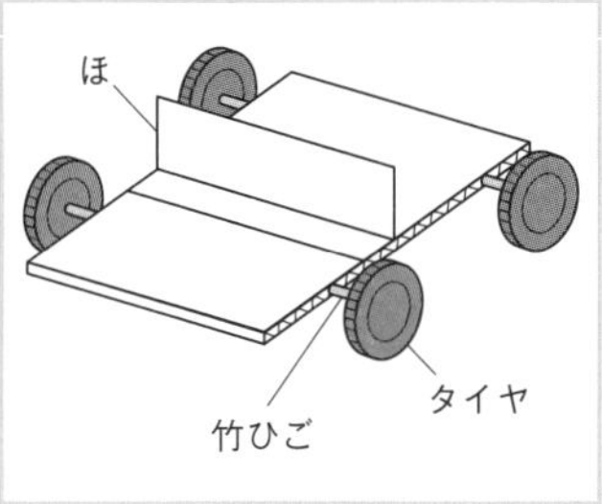

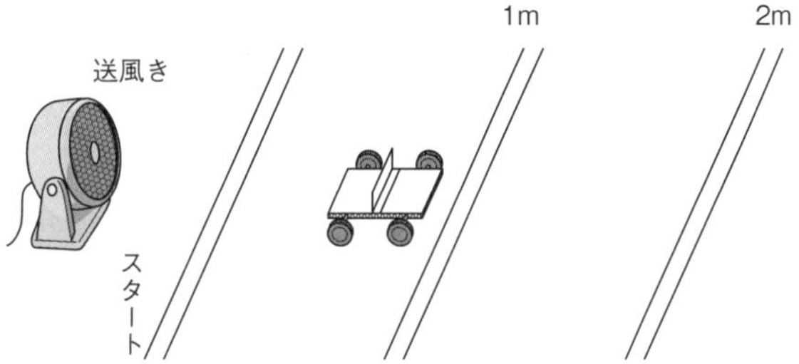

① 上の絵の車のほに，送風《そうふう》きを使《つか》って風を当てます。車は動きますか，動きませんか。

（　　　　　　　）

② 風の強さをかえて，車が動くきょり（長さ）を調べました。次のじっけんのけっかの表《ひょう》の㋐〜㋒にあてはまるものを，下の□からえらび，記号《きごう》を書きましょう。

じっけんのけっか

風の強さ	動いたきょり（長さ）
弱	㋐
中	㋑
強	㋒

風の強さを，送風きのスイッチで切りかえます。

あ　5 mくらい　　い　3 mくらい
う　1 mくらい

③ じっけんでわかったことを書いた次の文の（　　）に，あてはまることばを書きましょう。

・風には，ものを（㋐　　　　）はたらきがある。

・ものを動かすはたらきは，風が強いほど（㋑　　　　）なる。

2 ゴムのはたらきを調べます。次の問いに答えましょう。

1つ10点【40点】

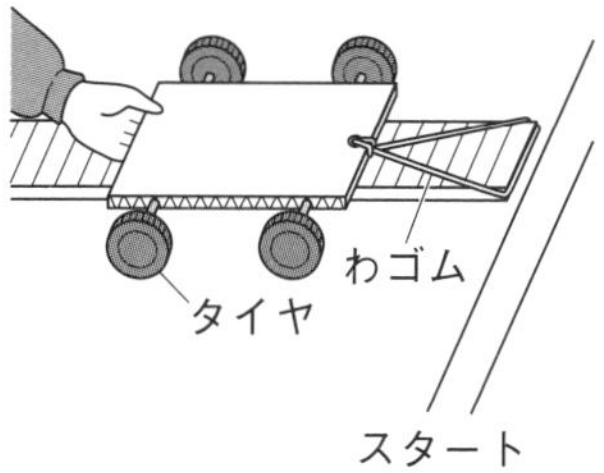

① わゴム１本で，引っぱる長さをかえて車を走らせました。引っぱる長さを10 cmと20 cmにしたとき，車が動くきょりが長いのはどちらですか。（　　　　　）

② わゴムの本数を２本にして，10 cm引っぱりました。わゴムの本数が１本のときとくらべて，車が動くきょりは長くなりますか，短《みじか》くなりますか。（　　　　）

③ わゴムを使って，車を長いきょり動かすにはどのようにしたらよいですか。（　　）にことばを書きましょう。

・わゴムの本数を（㋐　　　　　）。

・わゴムを引っぱるきょりを（㋑　　　　　）。

かくにんテスト③

目標時間《もくひょう》 20 分

学習《がくしゅう》した日　　月　　日

名前

とく点

100点まんてん

答え▶121ページ

1 日なたと日かげの地面《じめん》の温度《おんど》について，次《つぎ》の問《と》いに答えましょう。　1つ5点【20点】

① 下のグラフは，同じ日に日なたと日かげの地面の温度を記ろくしたものです。ア，イのグラフは日なた，日かげのどちらですか。［　　］に書きましょう。

ア

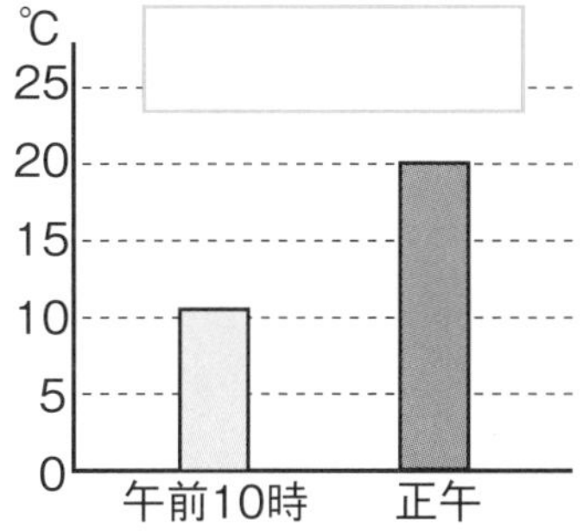

イ

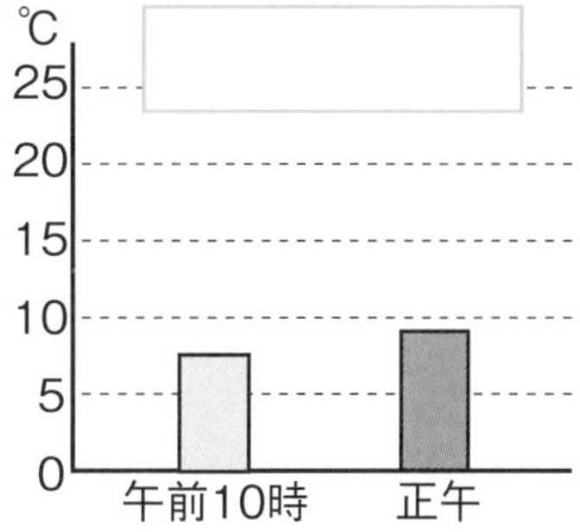

② 次の文の（　　）にあてはまることばを書きましょう。

日なたと日かげでは，温度のかわり方は（　　　　）のほうが大きい。午前10時と正午の温度をくらべると，日なたも日かげも（　　　　）のほうが高い。

2 風やゴムのはたらきについて，次の文の（　　）にあてはまることばを書きましょう。　1つ5点【20点】

風にはものを（①　　　　　）はたらきがあり，風が強いほどそのはたらきは（②　　　　　）。

ゴムには，ものを動《うご》かすはたらきがあり，そのはたらきはゴムの本数が（③　　　　　）ほど，引っぱる長さが（④　　　　　）ほど，そのはたらきは大きくなる。

3 かがみを使《つか》ってはね返《かえ》した日光をかべに当てました。次の文の〔　　〕の中から，正しいほうをえらび，○でかこみましょう。　1つ15点【30点】

かがみが1まいのときと3まいで光を重《かさ》ねたときでは，〔①　1まい　3まい〕のときのほうが明るくなり，かべの温度は3まいのときのほうが〔②　ひくく　高く〕なる。

4 シンバルをたたいたときのようすについて，次の文の（　　）にあてはまることばを書きましょう。　1つ10点【30点】

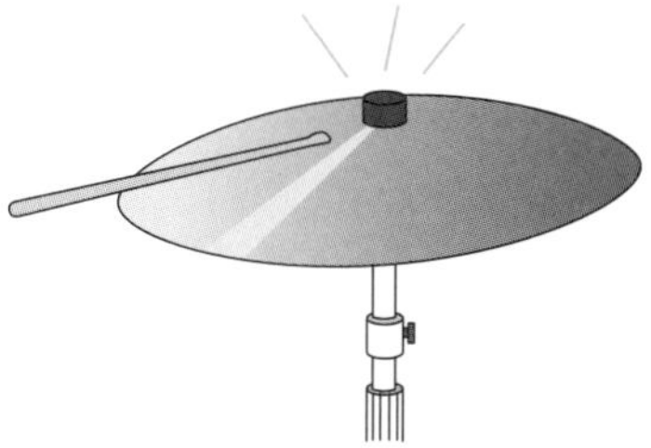

シンバルをたたいて音が出ているとき，シンバルは（①　　　　　　　）。

シンバルを弱くたたくと，音が（②　　　　）く，ふるえが（③　　　　）。

豆電球《まめでんきゅう》に明かりをつけよう

目標《もくひょう》時間 20 分

学習《がくしゅう》した日　　月　　日

名前

とく点

100 点まん点

答え 121ページ

1 次《つぎ》の絵で，豆電球に明かりがつくものには○，つかないものには×を，(　　)につけましょう。　1つ6点【36点】

ア(　　　　)

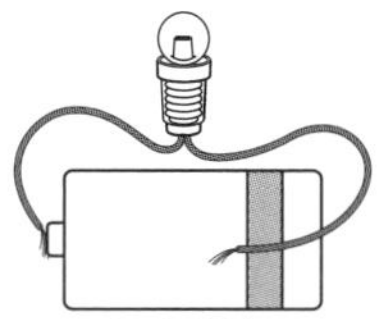

かん電池

イ(　　　　)

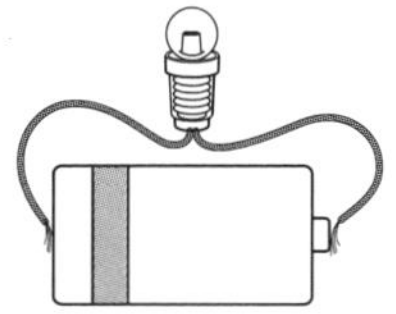

ウ(　　　　)

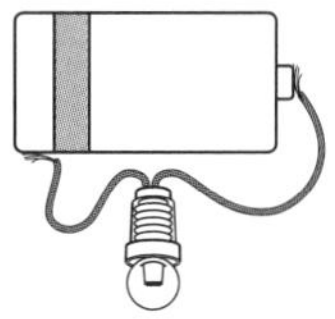

エ(　　　　)

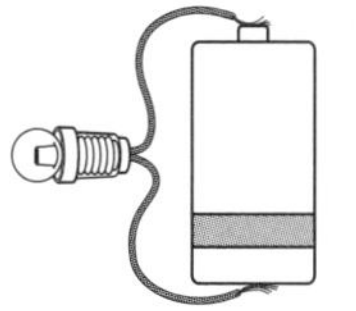

オ(　　　　)

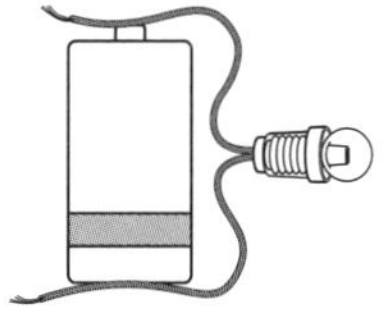

カ(　　　　)

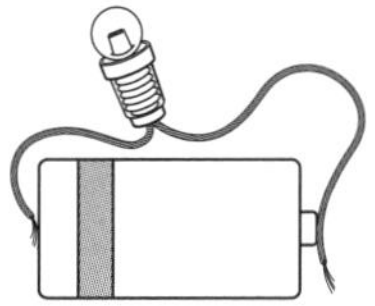

2 電気の回路《かいろ》についての絵です。□の中にあてはまることばを書きましょう。　1つ4点【16点】

①

１つの□になるようにつなぐ。

②□

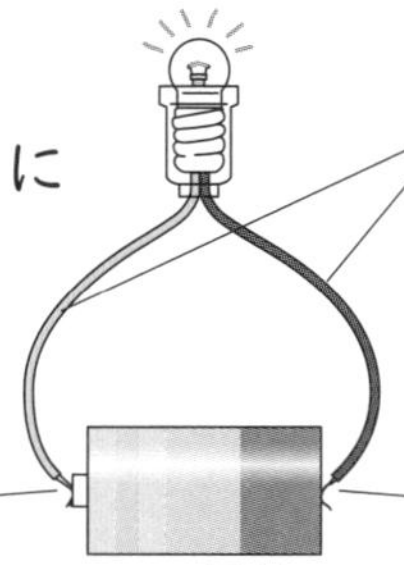

③□きょく

かん電池

④□きょく

3 右の絵のようにつなぐと，豆電球の明かりがつきます。

鉄《てつ》くぎのかわりにつないで明かりがつくものには○，つかないものには×を，(　　)につけましょう。　1つ6点【48点】

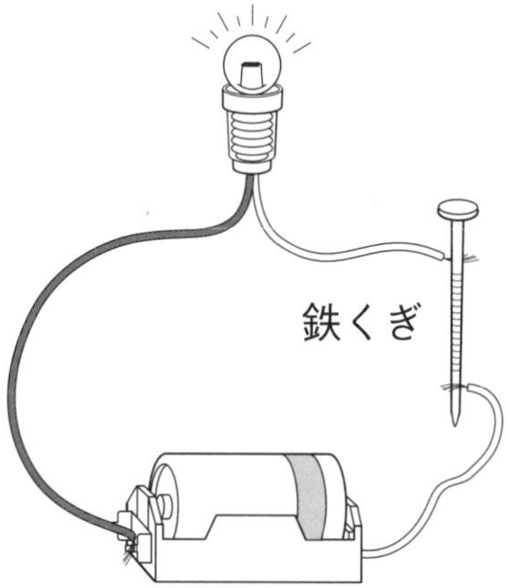

かん電池ボックス

ア(　　　　)

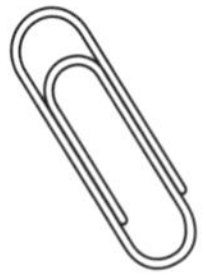

クリップ（鉄）

イ(　　　　)

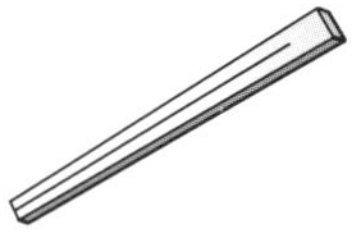

わりばし

ウ(　　　　)

十円玉（どう）

エ(　　　　)

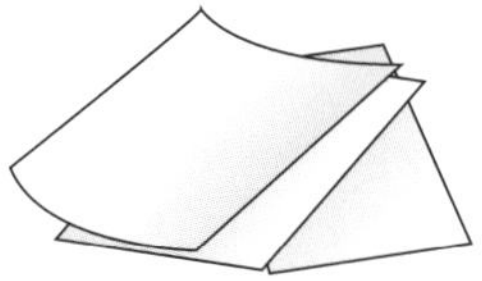

紙

オ(　　　　)

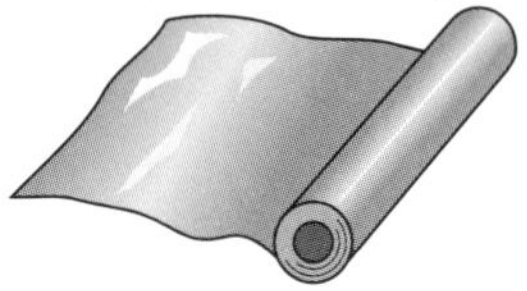

アルミニウムはく

カ(　　　　)

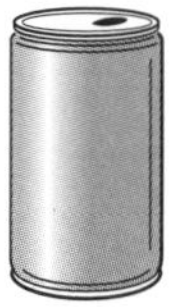

スチール(鉄)のかんの色がついた部分《ぶぶん》

キ(　　　　)

下じき（プラスチック）

ク(　　　　)

一円玉（アルミニウム）

理科 16

じしゃくで調《しら》べよう

目標時間《もくひょう》 20分

学習《がくしゅう》した日　　月　　日

名前

とく点

100点まんてん

答え ▶ 121ページ

1 次《つぎ》の絵で，じしゃくにつくものには○，つかないものには×を，(　　)につけましょう。 1つ5点【30点】

ア(　　　　)

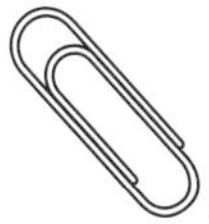

クリップ（鉄《てつ》）

イ(　　　　)

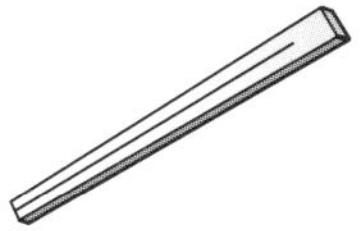

わりばし

ウ(　　　　)

十円玉（どう）

エ(　　　　)

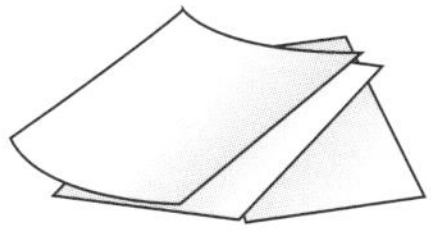

紙

オ(　　　　)

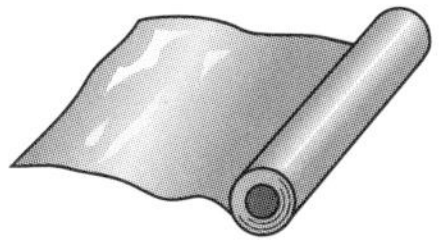

アルミニウムはく

カ(　　　　)

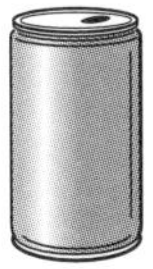

スチール(鉄)のかんの色がついた部分《ぶぶん》

2 次の絵のように，２本のじしゃくを近づけたとき，引き合うものには○，しりぞけ合うものには×を，(　　)につけましょう。 1つ8点【32点】

ア(　　　)　S　N　　N　S

イ(　　　)　N　S　　S　N

ウ(　　　)　S　N　　S　N

エ(　　　)　N　S　　N　S

3 右の絵のように，じしゃくに鉄くぎをつけてからそっとはなしました。次の問《と》いに答えましょう。 1つ10点【20点】

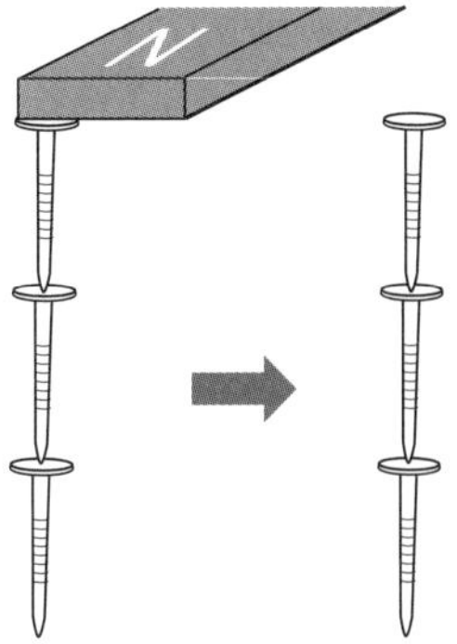

① くぎはついたままでした。そのわけとして，正しい文の(　　)に○をつけましょう。

ア(　　　)くぎがとけたから。

イ(　　　)くぎがじしゃくになったから。

② ①で答えたことをたしかめるほうほうとして，正しい文の(　　)に○をつけましょう。

ア(　　　)くぎに電気を通してみる。

イ(　　　)くぎにさ鉄がつくか，調べてみる。

はってん

4 自由《じゆう》に動《うご》くようにしたじしゃくのせいしつを調《しら》べました。絵のほういじしんとじしゃくのきょくは，どのほうい（東・南・西・北）をさしますか。ア～ウの□の中に書きましょう。 1つ6点【18点】

ア □

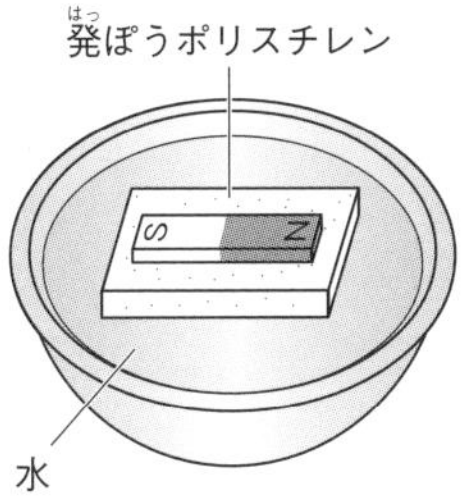

イ □

ウ □

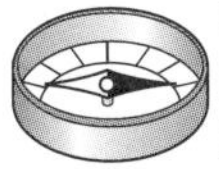

ほういじしん

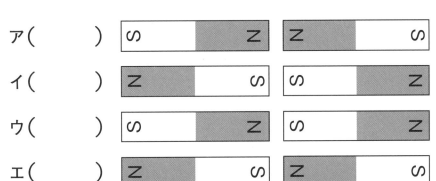

理科 17 ものの重《おも》さをくらべよう

1 ものの形をかえたときの重さを，台ばかりを使《つか》って調《しら》べました。次《つぎ》の問《と》いに答えましょう。 1つ10点【60点】

① ねん土の形をもとの形から，下の絵の㋐～㋒のようにかえました。重さはかわりますか。それぞれの(　　)に，かわる・かわらないを書きましょう。

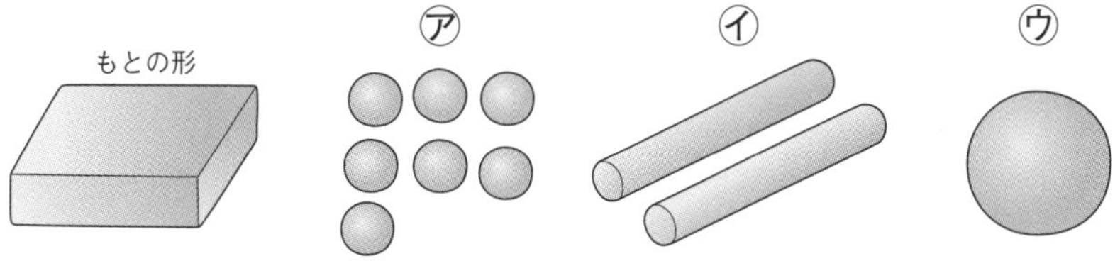

(　　　　)(　　　　)(　　　　)

② もとの形のままのねん土と㋐のねん土を，それぞれ台ばかりにのせて重さをくらべました。２つの重さは同じですか，それともちがいますか。

(　　　　)

③ 次の文の(　　)にあてはまることばを，書きましょう。

ねん土を広げたり，細長くして形をかえても，重さは(㋐　　　　)。

また，ねん土を小さくいくつかに分けても，全部《ぜんぶ》集《あつ》めた重さは(㋑　　　　)。

2 同じ体積《たいせき》のものは，しゅるいによって重さがちがうのかを調べました。次の問いに答えましょう。 1つ10点【40点】

木のおもり　金《きん》ぞく（鉄《てつ》）のおもり　発ぽうポリスチレンのおもり

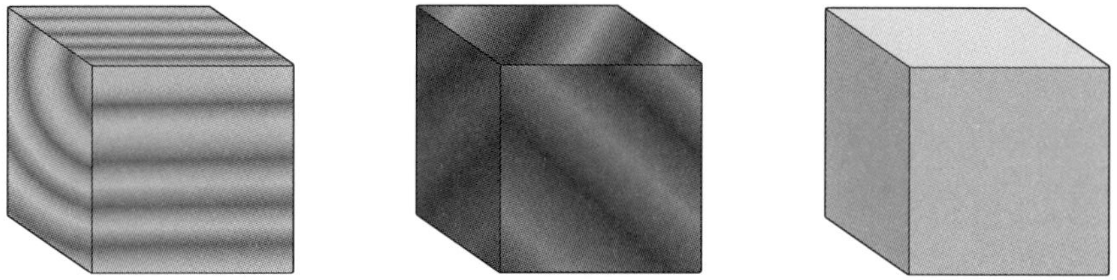

① 同じ体積の木，金ぞく，発《はっ》ぽうポリスチレンのおもりで，いちばん重いおもりはどれですか。

(　　　　)

② 同じ体積の木，金ぞく，発ぽうポリスチレンのおもりで，いちばん軽《かる》いおもりはどれですか。

(　　　　)

③ 同じ体積のものは，しゅるいがちがうと重さは同じですか，ちがいますか。 (　　　　)

④ 右の絵のような同じしゅるいで大きさのちがう２つのもののうち，重いのはどちらですか。記号《きごう》で答えましょう。 (　　)

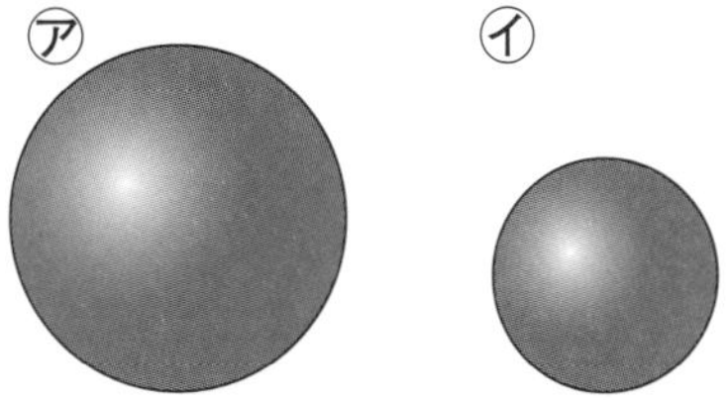

同じしゅるいの金ぞくで大きさがちがう

かくにんテスト④

目標時間《もくひょう》 20分　学習《がくしゅう》した日　月　日

名前

とく点

100点まん点

答え ▶ 121ページ

1 次《つぎ》の絵のようなおもちゃを作りました。下の問《と》いに答えましょう。

1つ10点【20点】

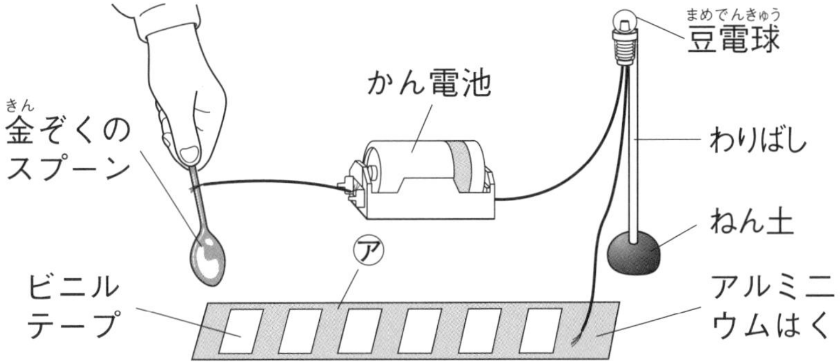
金《きん》ぞくのスプーン
かん電池
豆電球《まめでんきゅう》
わりばし
ねん土
ア
ビニルテープ
アルミニウムはく

① 金ぞくのスプーンを㋐につけてはしからはしまで動《うご》かすと，豆電球の明かりのつき方はどうなりますか。

(　　　　　　　　)

② 金ぞくのスプーンをわりばしにかえると，豆電球の明かりはどうなりますか。(　　　　　　　　)

2 豆電球に明かりがつくものを２つえらび，記号《きごう》を○でかこみましょう。

1つ10点【20点】

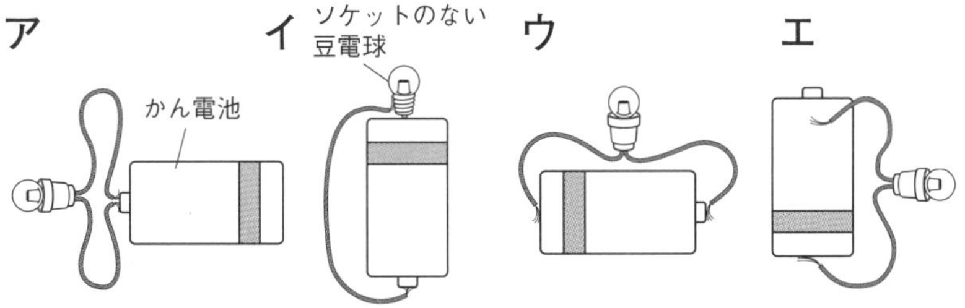
ア
イ
ソケットのない豆電球
ウ
エ
かん電池

3 下の絵のように，ぼうじしゃくを木のぼうの上におきました。次の問いに答えましょう。

1つ15点【30点】

① ウのほうから，鉄《てつ》くぎを近づけました。ぼうじしゃくは，ア，イのどちらに動きますか。

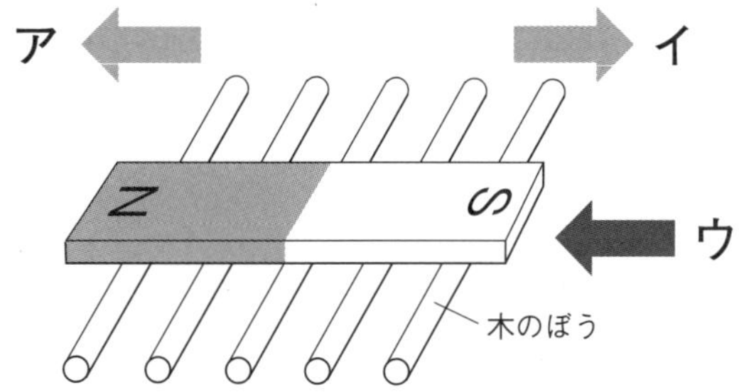
ア
イ
N
S
ウ
木のぼう

(　　　)

② ウのほうから，アルミニウムのかんを近づけました。ぼうじしゃくは，どうなりますか。

(　　　　　　　　)

4 同じ体積《たいせき》の鉄のおもり，木のおもり，アルミニウムのおもりの重《おも》さをはかったら，下のア～ウのようになりました。それぞれのおもりの重さだと考えられるものの記号を，右の表《ひょう》に書きましょう。

全部《ぜんぶ》できて【30点】

おもり	重さ
鉄	
木	
アルミニウム	

ア　15g　　イ　210g　　ウ　72g

国語 1

様子《ようす》や気持《きも》ちを読《よ》み取《と》ろう①

目標《もくひょう》時間 20分

名前

学習《がくしゅう》した日　月　日

とく点

100点 まん点

答え ▶122ページ

■ 物語《ものがたり》を読んで、答えましょう。【100点】

（つぼみさんは、旅館《りょかん》の仕事《しごと》をだれかに手つだってほしいと思っていました。）

つぼみさんが、台所《だいどころ》のドアをあけると、色白のぽっちゃりとしたむすめが、ダイコンが何本もはいったかごをもって、たっていました。

「わたし、美月《みづき》っていいます。お手つだいにきました。」

「えっ？」

つぼみさんが、きょとんとすると、むすめは、したしそうにわらいました。

「ほら、きのうの午後、だれか手つだってくれるひとがいないかしらって、いってたでしょ。わたし、耳がいいから、きいてしまったんです。」

「まあ……。」

つぼみさんは、そっと首をかしげました。買い物の帰り、だれにもあわなかったはずです。

（へんねえ。どこのむすめさんかしら？）

すると、むすめがいいました。

「わたし、こちらの畑《はたけ》をかりてる宇佐見《うさみ》のむすめです。父さんが、よろしくっていってました。これ、あの畑でつくったウサギダイコンです。」

むすめは、もってきたダイコンを、つぼみさんにさしだしました。

（茂市久美子「ゆうすげ村の小さな旅館」〈講談社〉より）

① つぼみさんが、きょとんとするとありますが、それは、どうしてですか。一つえらんで、記号《きごう》を〇でかこみましょう。【15点】

ア　むすめが、ダイコンをたくさんもってきてくれたから。

イ　たのんでもいないのに、むすめがお手つだいにきたと言ったから。

ウ　むすめが、つぼみさんに急《きゅう》にお手つだいをたのんだから。

② だれか手つだってくれるひとがいないかしらの言葉《ことば》について、答えましょう。【一つ15点】【30点】

1　だれがいったというのですか。

（　　　　）

2　きいたというのは、だれですか。

（　　　　）

③ 首をかしげるの意味《いみ》は、どれですか。一つえらんで、記号を〇でかこみましょう。【15点】

ア　なっとくする。　イ　へんだと思う。

ウ　びっくりする。

④ 買い物の帰りとありますが、つぼみさんが買い物に出かけたのは、いつですか。【20点】

（　　　　）

⑤ 宇佐見さんは、だれの畑をかりてダイコンを作っているのですか。【20点】

（　　　　）

様子《ようす》や気持《きも》ちを読《よ》み取《と》ろう②

目標時間《もくひょうじかん》 20分

名前

学習《がくしゅう》した日　月　日

とく点

100点まんてん

物語《ものがたり》を読んで、答えましょう。【100点】

㋐つぼみさんが、これまでのお給料《きゅうりょう》の袋《ふくろ》をわたそうとすると、むすめは、それを両手《りょうて》でおしかえしました。

「畑《はたけ》をかりているお礼《れい》です。これからも、ずっと、かしてくださいね。」

それから、むすめは、おじぎをすると、にげるように、帰っていきました。

㋑翌日《よくじつ》、つぼみさんは、町にでかけて、むすめのために、花がらのエプロンを買うと、それをもって、山の畑にでかけました。

（ここにくるの、何年ぶりかしら。エプロン、気にいってくれるといいけど……。）

㋒畑について、つぼみさんの目に、まっさきにとびこんできたのは、二匹《にひき》のウサギでした。

（たいへん、ウサギが、畑をあらしてるわ！）

㋓でも、すぐに、つぼみさんは、そうではないことに気がつきました。二匹は、ダイコンをぬいているところだったのです。

（そういうことだったの……。）

つぼみさんは、畑のダイコンに見とれました。［1］とした葉《は》っぱの下から、［2］真《ま》っ白な根《ね》が顔をだしています。

（茂市久美子「ゆうすげ村の小さな旅館」〈講談社〉より）

① この場面《ばめん》は、大きく二つに分けられます。二つめの場面はどこから始まりますか。㋐～㋓の記号《きごう》を書きましょう。【10点】

（　　）

② むすめがお給料を受《う》け取《と》ろうとしなかったのは、どうしてですか。【15点】

（　　）

③ つぼみさんが、花がらのエプロンを買って畑に出かけたのは、どうしてですか。【15点】

（　　）

④ そういうことだったの……。とありますが、どんなことがわかったのですか。二つえらんで、記号を○でかこみましょう。【一つ15点［30点］】

ア 畑をあらしているウサギは、二匹いたということ。

イ 畑をかりていたのは、ウサギだったということ。

ウ 手つだいにきたむすめは、エプロンを気にいってくれるということ。

エ 手つだいにきたむすめは、実《じつ》はウサギだったこと。

⑤ ［1］・［2］に当てはまる言葉《ことば》を、あとからえらんで、記号を書きましょう。【一つ15点［30点］】

・［1］…（　　）　・［2］…（　　）

ア あかあか　イ あおあお

ウ 雪のように　エ 氷《こおり》のように

答え ▶122ページ

漢字《かんじ》を読もう書こう①

目標《もくひょう》時間 20分

名前

学習《がくしゅう》した日 月 日

とく点

100点まんてん

答え ▶122ページ

1 ——の漢字《かんじ》に、読みがなをつけましょう。 一つ2点【28点】

① 絵を仕上げる。
② 他人の家。
③ 役を代わる。
④ 町に住む。
⑤ お金を使う。
⑥ 手帳に書く。
⑦ 味がよい。
⑧ 三倍になる。
⑨ 坂の上の二階だての家。
⑩ 病《びょう》院で待ち合わせる。
⑪ 太陽がのぼる。

2 ——の漢字に、読みがなをつけましょう。 一つ2点【8点】

① ア し育《いく》係　イ 関《かん》係
② ア 始める。　イ 年始

3 □に漢字を書きましょう。 一つ3点【48点】

① □□《こくご》と□□《さんすう》。
② □□□《せいかつか》の□□《じかん》。
③ □□《ごご》の□□□《ふぼかい》。
④ □《ちか》くの□□《こうえん》で遊《あそ》ぶ。
⑤ □《あに》と□《おとうと》。
⑥ □《あね》と□《いもうと》。
⑦ □《はる》・□《なつ》・□《あき》・□《ふゆ》

4 □に形のにた漢字を書きましょう。 一つ4点【16点】

① ア 白い□《ゆき》。　イ 入道□《ぐも》。
② ア 広い土□《ち》。　イ 古い電□《ち》。

国語

国語 4 漢字《かんじ》を読もう書こう②

目標《もくひょう》時間 20分

名前

学習《がくしゅう》した日　月　日

とく点　100点まんてん

1 ――の漢字《かんじ》に、読みがなをつけましょう。 一つ2点【30点】

① ボールを打ったり、投げたりする。

② ほしい服を指さす。

③ 橋をわたる。

④ まな板と包丁《ほうちょう》を持つ。

⑤ 貝を拾う。

⑥ 王様

⑦ 家族で楽しい旅をした。

⑧ 昭和《わ》生まれ

⑨ 柱を立てる。

⑩ 横道に入ると、暗い。

2 ――の漢字に、読みがなをつけましょう。 一つ2点【8点】

① ア 根っこ　イ 大根

② ア 植える。　イ 植林する。

3 □に漢字を書きましょう。 一つ4点【56点】

① きのうの□□《にばい》は□《し》事《ごと》をする。

② □□《たにん》の□□《てちょう》をひろう。

③ 主《しゅ》□《やく》を□□《こうたい》する。

④ □□《にかい》だての家に□《す》む。

⑤ 古い□□《じいん》の前で□《ま》つ。

⑥ □□《たいよう》と地球《ちきゅう》の関《かん》□《けい》。

⑦ □《さか》をのぼり□《はじ》める。

4 ――を漢字と送《おく》りがなで書きましょう。 一つ3点【6点】

① はさみをつかう。

② お茶をあじわう。

答え ▶122ページ

国語 5

国語辞典《じてん》の使《つか》い方／漢字《かんじ》の音《おん》と訓《くん》

目標時間《もくひょうじかん》 20分

名前

学習《がくしゅう》した日　月　日

とく点

100点まん点

答え ▶122ページ

1 国語辞典《じてん》で、先に出てくるほうの言葉《ことば》の記号《きごう》を○でかこみましょう。　一つ5点【20点】

① ア しんごう（信号）　イ じんこう（人口）

② ア かつて　イ かって（勝手）

③ ア りょう（量）　イ りよう（利用）

④ ア シール　イ しるし

2 次《つぎ》の――の言葉を、国語辞典に出ている言い切りの形に直しましょう。　一つ5点【10点】

① 弟は図書館《としょかん》まで歩いていった。　（　　）

② 足の速《はや》い兄がうらやましかった。　（　　）

3 国語辞典で「見る」を引いたら、あとのア～ウのような意味《いみ》でした。「花の育《そだ》ち具《ぐ》合《あい》を見る。」の意味に当てはまるものの記号を、○でかこみましょう。　【6点】

ア 目のはたらきで知る。
〈れい〉家族《かぞく》そろってテレビを見る。

イ 世話《せわ》をする。
〈れい〉弟の算数の宿題《しゅくだい》を見る。

ウ 調《しら》べる。かんさつをする。
〈れい〉図書室で国語辞典を見る。

4 次の――の漢字《かんじ》のうち、音《おん》で読むほうの言葉の記号を、○でかこみましょう。　一つ4点【24点】

① ア 広場　イ 会場

② ア 足音　イ 音楽

③ ア 火事　イ 花火

④ ア 新年　イ 半年

⑤ ア 小屋　イ 屋上

⑥ ア 外国　イ 雪国

5 ――の漢字に、読みがなをつけましょう。　一つ5点【20点】

① ア 人気があるキャラクター。（　　）
　 イ 人気のない真夜中《まよなか》の公園。（　　）

② ア 牛の頭数をかぞえる。（　　）
　 イ 人員《じんいん》の頭数をそろえる。（　　）

6 □に漢字を書きましょう。　一つ5点【20点】

① 新聞□□《きしゃ》が乗《の》る□□《きしゃ》。

② 気の□《あ》う人に□《あ》う。

国語

6 漢字を読もう書こう③

目標《もくひょう》時間 20分

名前

学習《がくしゅう》した日　月　日

とく点

100点まんてん

1 ——の漢字に、読みがなをつけましょう。 一つ2点【30点】

① 生き物の死について学ぶ。

② どの油を使《つか》うかを決める。

③ 湖で、兄と泳ぐ。

④ 大きな波に注意《い》する。

⑤ 太平《たいへい》洋

⑥ 川が流れる。

⑦ 湯の温度《ど》。

⑧ 深い海。

⑨ 漢字を書く。

⑩ 気球に乗《の》る。

2 ——の漢字に、読みがなをつけましょう。 一つ3点【12点】

① ア 火を消す。　イ 消火

② ア 船が港に入る。　イ 空港

3 □に漢字を書きましょう。 一つ4点【52点】

① □《な》げたボールを□《う》たれる。

② 洋《よう》□《ふく》に合う□《ゆび》輪《わ》をはめる。

③ □□《かぞく》で□□《りょこう》する。

④ □《しょう》和《わ》生まれ

⑤ 球《きゅう》□《こん》

⑥ □《くら》い□□《よこみち》には入らない。

⑦ 木の□《はし》をつくるための□《いた》。

⑧ 町が□《さま》がわりする。

4 ——を漢字と送《おく》りがなで書きましょう。 一つ3点【6点】

① ごみをひろう。

② 木をうえる。

答え ▶122ページ

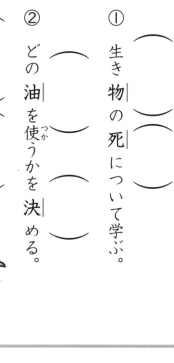

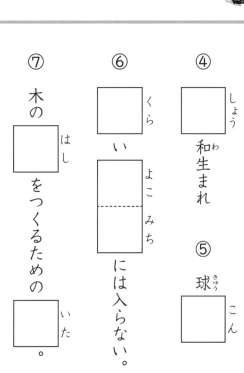

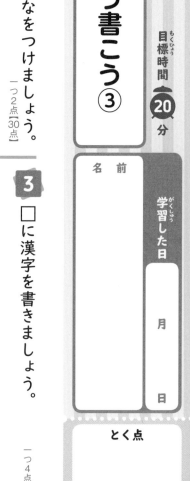

漢字《かんじ》を読もう書こう④

目標《もくひょう》時間 20分

名前

学習《がくしゅう》した日　月　日

とく点

100点まん点

1 ――の漢字《かんじ》に、読みがなをつけましょう。 一つ2点【28点】

① 美しい詩がすきだ。（　）（　）

② 星の研究《きゅう》。（　）

③ 朝礼に出る。（　）

④ 神社で、幸《こう》福をねがう。（　）（　）

⑤ 学級文庫《ぶんこ》（　）

⑥ 十秒を計る。（　）

⑦ 運動会《うんどうかい》の練習《しゅう》が終わる。（　）（　）

⑧ 緑にかこまれた道路。（　）（　）

⑨ 相《そう》談する。（　）

⑩ 軽い石。（　）

2 ――の漢字に、読みがなをつけましょう。 一つ2点【8点】

① ア 調べる。（　）　イ 調子（　）

② ア 転がる。（　）　イ 回転ずし（　）

3 □に漢字を書きましょう。 一つ4点【56点】

① 生き□《もの》の□《し》をえがいた本。

② □《およ》ぎを習《なら》おうと□《けっ》□《しん》する。

③ □《みなと》の岸ぺきに□《なみ》がよせる。

④ なべに□《あぶら》を□《そそ》ぐ。

⑤ □《みずうみ》の□《ふか》さをはかる。

⑥ □《ゆ》がわいたので、火を□《け》す。

⑦ □《き》□《きゅう》から太平《たいへい》□《よう》を見下ろす。

4 ――を漢字と送《おく》りがなで書きましょう。 一つ4点【8点】

① 小川がながれる。（　）

② あたたかいごはん。（　）

答え ▶123ページ

国語 8

かくにんテスト①

目標時間《もくひょうじかん》 20分

名前

学習《がくしゅう》した日　月　日

とく点

100点まん点

1 物語《ものがたり》を読んで、答えましょう。【50点】

「それじゃあ、わたしも、そろそろおいとまします。」

「□、もう帰ってしまうの。このままずっと、手つだってくれたらいいなって思ってたんだけど……。」

つぼみさんがいうと、むすめは、下をむきました。

「畑《はたけ》のダイコンが、いま、ちょうど、とりごろなんです。父さんひとりじゃたいへんだから、手つだわないと。ダイコン、しゅうかくがおくれると、すがはいってしまうんです。そしたら、ダイコンの、魔法《まほう》のききめが、なくなってしまいますから。」

「魔法のききめって？」

つぼみさんが、おもわず身《み》をのりだすと、むすめは、こっそりといいました。

「耳がよくなる魔法です。」

（茂市久美子「ゆうすげ村の小さな旅館」〈講談社〉より）

① □に当てはまる言葉《ことば》は、どれですか。一つえらんで、記号《きごう》を〇でかこみましょう。【10点】

ア ねえ　イ えっ

ウ ふん　エ さあ

② 下をむきましたとありますが、このときのむすめの気持《きも》ちを一つえらんで、記号を〇でかこみましょう。【10点】

ア はずかしいという気持ち。

イ もういやだという気持ち。

ウ すみませんという気持ち。

③ 父さんひとりじゃたいへんとありますが、どんなことがたいへんなのですか。【15点】

・いまがちょうどとりごろのダイコンを、

（　　　　）

④ 魔法のききめとありますが、ダイコンには、どんな魔法があるのですか。【15点】

・（　　　　）

魔法。

2 国語辞典《じてん》で、先に出てくるほうの言葉の記号を〇でかこみましょう。一つ10点【30点】

① ア コート　イ コード

② ア ちょうしょく（朝食）　イ がいしょく（外食）

③ ア ショートケーキ　イ しょうがっこう（小学校）

3 □に漢字《かんじ》を書きましょう。一つ5点【20点】

① □□《てちょう》の文字を□《け》す。

② □□《かぞく》で外国に□《す》む。

答え ▶123ページ

正かくに読み取《と》ろう①

目標《もくひょう》時間 20分

名前

学習《がくしゅう》した日　月　日

とく点

100点まん点

説明文《せつめいぶん》を読んで、答えましょう。 一つ20点【100点】

オジギソウの葉《は》を、指先《ゆびさき》でそっとさわってごらん。小さな葉が、みるみるうちにとじていきます。

　こんどは、まえより少し強く、つつくようにさわってごらん。すると、葉は全《ぜん》部《ぶ》とじ、葉と茎《くき》とのつけ根《ね》の部分が、急《きゅう》に折《お》れまがり、たれ下がってしまいます。

　このように、オジギソウは、さわると急に動《うご》くので、〝□〟の代表《だいひょう》として、むかしから知られています。

　オジギソウという名前は、葉にさわると、おじぎをするように葉を下げることからつけられました。

　オジギソウの葉は、熱《あつ》いものを近づけただけでも動きます。蚊取《かと》り線香《せんこう》の火を葉の先に近づけると、約一秒後《やくいちびょうご》に葉がとじはじめます。そうしたら、線香を葉からはなし、どのような順序《じゅんじょ》で葉がとじていくか、観察《かんさつ》してみましょう。

　葉は、熱《ねつ》を加《くわ》えられた先の方からつけ根に向《む》かってとじていきます。つけ根までとじてしまうと、つぎは、ほかの葉のつけ根から先に向かって、葉がとじていきます。そして、葉が全部とじると、葉と茎とのつけ根の部分がたれ下がります。

（清水清「植物は動いている」〈あかね書房〉より）

① オジギソウという名前は、どのようなことからつけられたのですか。

［　　　　　　　　　　］

② みるみるうちにの意味《いみ》はどれですか。一つえらんで、記号《きごう》を○でかこみましょう。

ア　すばやく
イ　だんだんと
ウ　しばらくして

③ □に当てはまる言葉《ことば》を、□□に合うように書き出しましょう。

・□□植物《しょくぶつ》

④ 蚊取り線香は、ここでは、どのようなものとして使《つか》われているのですか。一つえらんで、記号を○でかこみましょう。

ア　けむりを出すもの。
イ　よいかおりがするもの。
ウ　熱を出すもの。

⑤ どのような順序で葉がとじていくかとありますが、文章《ぶんしょう》中で説明されている順序になるように、（　）に番号を書きましょう。

（　）ほかの葉のつけ根から先の方に向かって葉がとじる。
（　）熱を加えられた葉の先の方からつけ根に向かって葉がとじる。
（　）葉と茎とのつけ根の部分がたれ下がる。

答え ▶123ページ

正かくに読み取《と》ろう②

目標時間《もくひょう》 20分

名前

学習《がくしゅう》した日　月　日

とく点　100点まんてん

説明文《せつめいぶん》を読んで、答えましょう。【100点】

アサガオのつるの先を、じっくり観察《かんさつ》していると、目には見えませんが、ゆっくり動《うご》いていることに気がつきます。

つるは、まるで首をふるように、左まわりに回転《かいてん》していきます。一回まわるのに、一時間あまりかかります。

アサガオのつるは、ゆっくりと回転しながら、途中《とちゅう》で物《もの》にふれると、こんどはすばやくそれにまきついていきます。

アサガオのつる、つまり茎《くき》は、いったん棒《ぼう》などにまきつくと、あとは棒を中心に、上から見て左まきのらせん*をえがきながら、上へのびていきます。

このまき上がり運動《うんどう》は、二つの運動がくみあわさったものです。そのひとつは、茎が棒にふれると、ふれた反対側《はんたいがわ》がより多く生長する、まきつき運動です。もうひとつは、茎が上へのびようとする運動です。

つるには、下向《したむ》きに細い毛がたくさんはえています。つるが、棒からずり落《お》ちないように役立《やくだ》っているのです。

＊らせん…まき貝のからのように、ぐるぐるまいた形。

（清水清「植物は動いている」〈あかね書房〉より）

① アサガオのつるが動く様子《ようす》を、たとえを用いて表《あらわ》している言葉《ことば》を書き出しましょう。【20点】

（　　　　）

② 目には見えませんが、ゆっくり動いているとありますが、アサガオのつるは、どのくらいの速《はや》さで動きますか。一つえらんで、記号《きごう》を○でかこみましょう。【20点】

ア　十日ほどかけて一回まわる。
イ　一日かけて一回まわる。
ウ　一時間あまりで一回まわる。

③ まき上がり運動とありますが、アサガオのつるは、どのように動いてまき上がるのですか。【一つ10点】【20点】

・棒を中心に、上から見て（　　　　）のらせんをえがきながら、（　　　　）に向《む》けてまき上がる。

④ まきつき運動とは、どのような運動ですか。【20点】

・茎が棒にふれると、ふれた反対側が（　　　　）運動。

⑤ 細い毛は、どのように役立っていますか。一つえらんで、記号を○でかこみましょう。【20点】

ア　つるが棒からずり落ちないように。
イ　茎がのびやすくなるように。
ウ　棒がおれないように。

答え ▶123ページ

国語 11

漢字《かんじ》を読もう書こう⑤

目標《もくひょう》時間 20分

学習《がくしゅう》した日　月　日

名前

とく点

100点まんてん

1 ―の漢字《かんじ》に、読みがなをつけましょう。 一つ2点【30点】

① 図書館で、図書新聞を配る。

② 新しく鉄道の駅ができる。

③ 銀メダル

④ きつねが化ける。

⑤ 父はお酒を飲む。

⑥ 列車が前に動く。

⑦ 都会

⑧ 休みを取る。

⑨ 反《はん》対する。

⑩ 部首をしらべる。

⑪ 次の日。

2 ―の漢字に、読みがなをつけましょう。 一つ3点【12点】

① ア 助ける。　イ 助手をする。

② ア 放す。　イ 放水する。

3 □に漢字を書きましょう。 一つ4点【52点】

① □□《ごびょう》間

② □《うつく》しい絵。

③ □《ふく》の□《かみ》。

④ □□《ちょうれい》で話す。

⑤ □《みどり》色

⑥ □□《がっきゅう》会で相《そう》□《だん》する。

⑦ □《れん》習《しゅう》を□《お》える。

⑧ □《けん》究《きゅう》

⑨ □《ろ》面《めん》電車

⑩ 身《み》が□《かる》い。

4 ―を漢字と送《おく》りがなで書きましょう。 一つ2点【6点】

① 地図でしらべる。

② ボールがころがる。

③ みじかい文章《ぶんしょう》。

答え ▶123ページ

国語 12

漢字《かんじ》を読もう書こう⑥

目標《もくひょう》時間 20分

名前

学習《がくしゅう》した日　月　日

とく点

100点 まん点

1 ——の漢字《かんじ》に、読みがなをつけましょう。 一つ2点【30点】

① お宮（　）で、お守（　）りのふだをもらう。

② めずらしい木の実（　）を発見（　）する。

③ 荷物（　）は一つと定（　）める。

④ 宿（　）のとまり客（　）。　⑤ わか者（　）

⑥ 寒（　）さにたえながら、山に登（　）った。

⑦ むねが苦（　）しくて、薬（　）をのんだ。

⑧ 落（　）ち葉（　）を拾《ひろ》う。

2 ——の漢字に、読みがなをつけましょう。 一つ3点【12点】

① ア 写（　）す　イ 写生（　）

② ア 安（　）い　イ 安心（　）する

3 □に漢字を書きましょう。 一つ4点【52点】

① ちらしを□《つぎ》々《つぎ》と□《くば》る。

② □□《とし》の□□《ぎんこう》。

③ お□《さけ》

④ □《の》み物《もの》を□《と》る。

⑤ 野《や》球《きゅう》□《ぶ》員《いん》が□□《りょかん》にとまる。

⑥ □《えき》で□□《れっしゃ》の時こくを調《しら》べる。

⑦ □《てつ》ぼう

⑧ 電話のおう□《たい》。

4 ——を漢字と送《おく》りがなで書きましょう。 一つ2点【6点】

① バスがうごく。（　）

② 命《いのち》がたすかる。（　）

③ 小鳥をはなす。（　）

答え ▶123ページ

国語 13

こそあど言葉《ことば》／へんとつくり

目標《もくひょう》時間 20分

名前

学習《がくしゅう》した日　月　日

とく点

100点まん点

答え ▶123ページ

1 次《つぎ》の表《ひょう》の空いているところに当てはまる「こそあど言葉《ことば》」を書きましょう。　一つ5点【25点】

これ	それ	あれ	どれ
ここ	そこ	①	どこ
こちら	そちら	あちら	②
③	そっち	あっち	どっち
この	その	あの	④
こんな	⑤	あんな	どんな
こう	そう	ああ	どう

2 次の文の□□に当てはまる「こそあど言葉」を書きましょう。　一つ4点【16点】

① 遠くに見える□□山の
ふもとには、小さな村がある。

② ぼくの持《も》っている□□を、
あとでかしてあげるよ。

③ 君《きみ》の食べている、□□□
のケーキのほうが、おいしそうだね。

④ あなたは、□□□本が
好《す》きですか。

3 あとの〔　〕の漢字《かんじ》の中から、「きへん」と「にんべん」の漢字をそれぞれ三字ずつえらんで書きましょう。　一つ4点【24点】

① 「きへん」　□□□

② 「にんべん」　□□□

〔体　新　化　秋　村　作
林　行　竹　休　相　校〕

4 次の漢字の部首《ぶしゅ》の名前を、あとの〔　〕の中からそれぞれえらんで書きましょう。　一つ5点【35点】

① 指・持　（　　）

② 顔・頭　（　　）

③ 池・港　（　　）

④ 勉・動　（　　）

⑤ 話・記　（　　）

⑥ 宮・客　（　　）

⑦ 終・線　（　　）

〔さんずい　おおがい　ごんべん
てへん　ちから　いとへん
うかんむり〕

国語

国語 14

漢字《かんじ》を読もう書こう⑦

目標時間《もくひょうじかん》 20分

名前

学習《がくしゅう》した日　月　日

とく点　100点まん点

答え ▶123ページ

1 ―の漢字《かんじ》に、読みがなをつけましょう。 一つ2点【24点】

① 笛の音《ね》が研究所に聞こえる。

② 料理《りょうり》は味《あじ》が第一だ。

③ 大きさの等しい箱がある。

④ せいせきが悪く、ため息をつく。

⑤ 悲しいお話の感想文を書く。

⑥ 山小屋にとまる用意をする。

⑦ テレビ局を見学する。

2 ―の漢字に、読みがなをつけましょう。 一つ2点【8点】

① ア 絵筆　イ 毛筆

② ア 急ぐ　イ 急行に乗《の》る。

3 □に漢字を書きましょう。 一つ4点【56点】

① カメラで□《お》ち□《ば》を□《うつ》す。

② □《くすり》を飲《の》んだので、□□《あんしん》だ。

③ 古いお□《みや》を□《まも》るわか□《もの》。

④ □《やど》のお□《きゃく》の□□《にもつ》。

⑤ 冬は□《さむ》い。

⑥ 息□《ぐる》しい

⑦ 朝早く□□《しゅっぱつ》する。

4 ―を漢字と送《おく》りがなで書きましょう。 一つ4点【12点】

① いねがみのる。

② 山にのぼる。

③ きそくをさだめる。

国語 15

漢字《かんじ》を読もう書こう⑧

目標時間《もくひょうじかん》 20分

名前

学習《がくしゅう》した日　月　日

とく点

100点まん点

1 ―の漢字《かんじ》に、読みがなをつけましょう。 一つ2点【30点】

① 倉《そう》庫の中の温度をはかる。

② 二丁目の角の庭。 ③ 本を送る。

④ 医者が病気のしんだんをする。

⑤ 入学式の写真《しゃしん》を見返す。

⑥ 犬がねこを追う。 ⑦ 足が速い。

⑧ 早起きする。 ⑨ 区役所《しょ》

⑩ 進んで荷物《にもつ》を運ぶ。

2 ―の漢字に、読みがなをつけましょう。 一つ4点【16点】

① ア 外で遊ぶ。 イ 遊園地

② ア 戸を開ける。 イ 開発する。

3 □に漢字を書きましょう。 一つ4点【44点】

① □《ふえ》のふき方を□□《けんきゅう》する。

② せいこうへの□□□《だいいっぽ》。

③ えん□《ぴつ》で□□《かんそう》を書く。

④ きゅう□□《きゅうばこ》の□□《ようい》。

⑤ □《わる》い知らせに、ため□《いき》をつく。

⑥ ゆうびん□《きょく》に行く。

⑦ □□《にくや》で買い物《もの》をする。

4 ―を漢字と送りがなで書きましょう。 一つ5点【10点】

① 数がひとしい。

② かなしい音楽。

答え ▶124ページ

国語 16

かくにんテスト②

目標《もくひょう》時間 20分

名前

学習《がくしゅう》した日　月　日

とく点　100点まん点

答え ▶124ページ

1 説明文《せつめいぶん》を読んで、答えましょう。【60点】

花のなかには、おしべやめしべが動《うご》いて、受粉《じゅふん》の能率《のうりつ》を上げているものがあります。

マツバボタンもその一つです。マツバボタンの花には、よくミツバチがきて花粉を集《あつ》めています。じっと見ていると、ミツバチがおしべにふれるたびに、おしべが少し動いているようです。

ためしに、つまようじの先でおしべにふれてみました。するとどうでしょう。おしべが、ふれた方向《ほうこう》へ、すーっとかたむいてくるではありませんか。

マツバボタンのおしべには、昆虫《こんちゅう》に花粉をなすりつける働《はたら》きがあるのです。

受粉をすませた植物《しょくぶつ》は、やがて実《み》をつけ、たねを残《のこ》します。□ときも、植物はいろいろな運動《うんどう》をします。

（清水清「植物は動いている」〈あかね書房〉より）

① その一つですとは、どういうことですか。【15点】

・マツバボタンは、（　　　　）受粉の能率を上げる花の一つだということ。

② ためしにとありますが、ためしたけっかをあとからえらんで、記号《きごう》を○でかこみましょう。【15点】

ア　めしべにふれるとおしべが動いた。

イ　おしべにふれるとめしべが動いた。

ウ　おしべにふれるとおしべが動いた。

③ おしべが、ふれた方向へ、すーっとかたむいてくるとありますが、これは何のためですか。【15点】

（　　　　）

④ □に当てはまるこそあど言葉を、あとからえらんで、記号を○でかこみましょう。【15点】

ア　この　　イ　あの　　ウ　どの

2 次《つぎ》の漢字《かんじ》とへんやつくりが同じ漢字を、あとの〔　〕からそれぞれえらんで書きましょう。【一つ10点】【20点】

① 植 □　　② 動 □

〔波　化　村　助　倍　詩〕

3 □に漢字を書きましょう。【一つ5点】【20点】

① □《さむ》くても外で□《あそ》ぶ。

② □□《やっきょく》の倉《そう》□《こ》。

国語 17

様子《ようす》を読み取《と》ろう

目標時間《もくひょうじかん》 20分

名前

学習《がくしゅう》した日　月　日

とく点

100点まん点

■ 詩《し》を読んで、答えましょう。【100点】

かもつれっしゃ

有馬《ありま》　敲《たかし》

がちゃん　がちゃん　がちゃん
　がちゃん　がちゃん　がちゃん
　　がちゃああん　がちゃああん
がったん　ごっとん　がったん
　ごっとん　がったん　ごっとん
　　がったん　ごっとん　がったん
ごっと　がった　ごっと　がった
　ごっと　がった　ごっと　がった
　　ごっと　がった　ごと　がた
がた　ごと　がた　ごと　がた　ごと
　がた　ごと　がた　ごと　がた　ごと
　　がた　ごと　がた　こと　かた　こと
かた　こと　かた　ことかたこと
　かたことかたことかたことかたこと
　　かたことかたことことことことこと

（「有馬敲少年詩集　ありがとう」〈理論社〉より）

① 一番めのまとまりの「がちゃん　がちゃん　がちゃん」は、何を表《あらわ》している言葉《ことば》ですか。一つえらんで、記号《きごう》を○でかこみましょう。【20点】

ア かもつれっしゃが動《うご》き出した音。
イ かもつれっしゃをけんさする音。
ウ かもつれっしゃが止まる音。

② 二番めのまとまりの「がったん　ごっとん」と、三番めのまとまりの「ごっと　がった　ごっと　がった」をくらべると、どんな様子《ようす》がわかりますか。一つえらんで、記号を○でかこみましょう。【20点】

ア スピードが上がっていく様子。
イ スピードが落《お》ちていく様子。
ウ だんだん近づいてくる様子。

③ この詩は何をうたったものですか。一つえらんで、記号を○でかこみましょう。【20点】

ア かもつれっしゃが力強く走る様子。
イ かもつれっしゃが動き出し、走り去《さ》っていく様子。
ウ かもつれっしゃが、目の前をすごい速《はや》さで通りすぎる様子。

④ この詩は、どのように読むとよいですか。あとからえらんで、記号を書きましょう。【一つ10点〔40点〕】

• はじめは、（　）と（　）声で読み、しだいに読む速さを（　）していく。そして最後《さいご》は、（　）声で読む。

ア 大きな　イ 小さな
ウ ゆっくり　エ 速く

答え ▶124ページ

様子《ようす》や気持《きも》ちを読《よ》み取《と》ろう

目標時間《もくひょうじかん》 20分

名前

学習《がくしゅう》した日　月　日

とく点　100点まん点

■ 詩《し》を読んで、答えましょう。【100点】

山

原《はら》　国子《くにこ》

うれしいときは
山をみる
どっしり　すわった
山をみる
〝しっかりやれよ〟と
いうように
山はだまって
ぼくをみる

かなしいときも
山をみる
どっしり　すわった
山をみる
〝だいじょうぶだよ〟と
いうように
山はだまって
ぼくをみる

（「原国子詩集　ゆうべのうちに」〈銀の鈴社〉より）

① 山をみる のは、だれですか。【10点】

（　　　　　　）

② 山が落《お》ち着《つ》いていて、何事《なにごと》があっても動《うご》かない様子《ようす》を表《あらわ》している詩の一行を書き出しましょう。【20点】

（　　　　　　）

③ 山の、何も語らない様子がわかる詩の一行を書き出しましょう。【20点】

（　　　　　　）

④ ぼくをみる とありますが、山にみられることを「ぼく」はどう思っているでしょうか。一つえらんで、記号《きごう》を○でかこみましょう。【20点】

ア　山にいつも見られているようで、落ち着かないと思っている。

イ　山にいつも見はられているようで、いやだと思っている。

ウ　山にいつも見守《みまも》られているようで、心強く思っている。

⑤ この詩のとくちょうを二つえらんで、記号を○でかこみましょう。一つ15点【30点】

ア　山を、対等《たいとう》な友達《ともだち》だととらえている。

イ　山を、何でも受《う》け止めてくれる、心の広い温《あたた》かい人にたとえている。

ウ　漢字《かんじ》をたくさん使《つか》って、力強い感《かん》じを表している。

エ　同じ言葉《ことば》をくり返《かえ》し使って、詩にリズムを生んでいる。

答え
▶124ページ

国語 19

漢字《かんじ》を読《よ》もう書こう⑨

目標《もくひょう》時間 20分

名前

学習《がくしゅう》した日　月　日

とく点

100点まん点

1

——の漢字《かんじ》に、読みがなをつけましょう。 一つ2点【30点】

① 世界《かい》で起《お》きた大事けん。

② 両親と南の島をめぐる。

③ 主な予定。

④ 中央公園

⑤ 全部の試合《しあい》に勝つ。

⑥ 道具をかたづけて会場を去る。

⑦ 反対の意見《いけん》。

⑧ 本州の名山。

⑨ 勉強して、しけんに受かる。

2

——の漢字に、読みがなをつけましょう。 一つ3点【12点】

① ア 船乗り場　イ 乗用車

② ア 川の岸。　イ 海岸

3

□に漢字を書きましょう。 一つ4点【52点】

① 倉《そう》□《こ》の戸を□《あ》ける。

② □□《こんど》は□《にわ》で□《あそ》ぼう。

③ □□《びょういん》の□□《いしゃ》。

④ あとをおう犬を□《お》い□《かえ》す。

⑤ □□□《ごちょうめ》の□□《うんそう》会社。

⑥ 先生の号れいで□□《きりつ》する。

⑦ □□□《にゅうがくしき》に出席《しゅっせき》した。

4

——を漢字とおくりがなで書きましょう。 一つ3点【6点】

① 走るのがはやい。

② 前にすすむ。

答え ▶124ページ

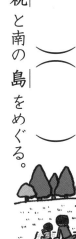

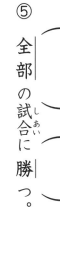

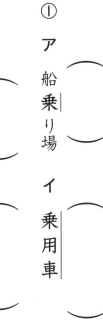

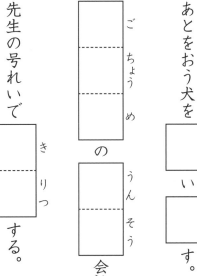

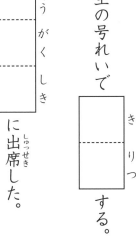

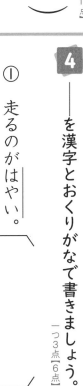

国語 20

漢字《かんじ》を読もう書こう⑩

目標時間《もくひょうじかん》 20分

名前

学習《がくしゅう》した日　月　日

とく点

100点まん点

1 ――の漢字《かんじ》に、読みがなをつけましょう。 一つ2点【26点】

① 昔（　）も今も、人々は平和（　）をねがう。

② 君（　）は、とても幸（　）せだ。

③ 商店（　）街《がい》の入り口に、信《しん》号（　）がある。

④ 曲（　）がり角（　）に向（　）かう。

⑤ 品物（　）をおく場所（　）を決《き》める。

⑥ 命（　）が助《たす》かる。

⑦ 委員会（　）

⑧ 炭火（　）をおこす。

2 ――の漢字に、読みがなをつけましょう。 一つ3点【12点】

① ア 問（　）う　イ 問（　）題《だい》

② ア 整（　）える　イ 整理（　）する

3 □に漢字を書きましょう。 一つ4点【56点】

① □《せ》界《かい》一古い□□□《じょうようしゃ》。

② □□《りょうて》で□□《どうぐ》をかかえる。

③ □□《だいじ》な□□《よてい》を聞く。

④ □□《かいがん》から立ち□《さ》る。

⑤ □□《ほんしゅう》に近い□《しま》を調《しら》べる。

⑥ □□《べんきょう》

⑦ ゲームに□《か》つ。

⑧ □□《ちゅうおう》

⑨ □□《はんたい》意見《いけん》

4 ――を漢字と送《おく》りがなで書きましょう。 一つ3点【6点】

① しけんをうける。（　）

② まったく知らない。（　）

答え ▶124ページ

国語 21

慣用句《かんようく》・ことわざ／ローマ字

目標《もくひょう》時間 20分

名前

学習《がくしゅう》した日　月　日

とく点

100点 まん点

1 次《つぎ》の意味《いみ》を表《あらわ》す慣用句《かんようく》を、あとからそれぞれ選《えら》んで、記号《きごう》を書きましょう。 一つ7点【35点】

① さからうことができない。（　　）
② じゃまをする。（　　）
③ せいかくがさっぱりしている。（　　）
④ 必死《ひっし》に力をつくしてがんばる。（　　）
⑤ なかったことにする。（　　）

ア 水に流《なが》す
イ 頭が上がらない
ウ 水をさす
エ ほね身《み》をけずる
オ 竹をわったよう

2 次のことわざの意味を一つえらんで、記号を○でかこみましょう。 一つ5点【15点】

① 花よりだんご
ア 外見の美《うつく》しいものはあやしい。
イ 外見より実《じっ》さいのりえきをとる。
ウ 人のこのみはそれぞれにちがう。

② 月とすっぽん
ア ちがいが大きすぎてくらべられない。
イ 見分けがつかないほどよくにている。
ウ 美しいものはかくれていても目立つ。

③ ぬかにくぎ
ア 急《きゅう》におどろかされる。
イ 全《まった》く手ごたえがない。
ウ たやすく手に入れられる。

3 次の言葉《ことば》をローマ字で書きましょう。 1つ5点【20点】

① うわばき

② あさって

③ こうばん

④ にっぽん

4 次のローマ字で書かれた言葉をひらがなで書きましょう。 1つ6点【30点】

① tokage（　　）
② amagappa（　　）
③ bon'odori（　　）
④ Fujisan（　　）
⑤ Kyôto-si（　　）

答え ▶125ページ

国語

国語

22 漢字《かんじ》を読もう書こう⑪

目標時間《もくひょうじかん》 20分

名前

学習《がくしゅう》した日 月 日

とく点

100点まんてん

答え ▶125ページ

1 ——の漢字《かんじ》に、読みがなをつけましょう。 一つ2点【30点】

① 暑い日は、かき氷がおいしい。

② なしの皮をむく。 ③ 皿をあらう。

④ 前期のじゅ業。 ⑤ 理由を言う。

⑥ 畑は雪で銀世界だ。

⑦ 童話の文章。 ⑧ 相談する。

⑨ 水泳《すいえい》の県大会に出場を申しこむ。

⑩ 花の写真をとる。

2 ——の漢字に、読みがなをつけましょう。 一つ3点【12点】

① ア 有る イ 有名な歌。

② ア 育つ イ 体育

3 □に漢字を書きましょう。 一つ4点【48点】

① □□《へいわ》について□《と》いかける。

② □□《しょうひん》の売り場へ□《む》かう。

③ いろいろな□□《きごう》を調《しら》べる。

④ はがきに□□《じゅうしょ》を書く。

⑤ □《きみ》が図書□□《いいん》にえらばれた。

⑥ □《めい》令《れい》する。

⑦ □□《さっきょく》家

⑧ □《むかし》の□《すみ》やき小屋《ごや》。

4 ——を漢字と送《おく》りがなで書きましょう。 一つ5点【10点】

① しあわせになる。

② 形をととのえる。

国語 23

漢字《かんじ》を読もう書こう⑫

目標時間《もくひょうじかん》 20分

名前

学習《がくしゅう》した日　月　日

とく点

100点まんてん

1 ——の漢字《かんじ》に、読みがなをつけましょう。 一つ2点【28点】

① お祭り用の服《ふく》に着がえる。

② 農場で、たくさんの羊をかう。

③ 美しい歯。

④ 学習する

⑤ 鼻血が出る。

⑥ 負ける

⑦ お面をつけたおにに、豆をぶつける。

⑧ お話の題名を考える。

⑨ 身長がのびる。

⑩ 重い石。

2 ——の漢字に、読みがなをつけましょう。 一つ2点【8点】

① ア 表す　イ 表紙

② ア 集まる　イ 集合

3 □に漢字を書きましょう。 一つ4点【60点】

① □《あつ》い日。

② □《さら》に□《こおり》をのせる。

③ □《ゆう》名な画家。

④ くりの□《かわ》。

⑤ □□《ぜんき》のじゅ□《ぎょう》が始《はじ》まる。

⑥ 児《じ》□《どう》が書いた□□《ぶんしょう》。

⑦ ぶどう□《ばたけ》の□□《しゃしん》をとる。

⑧ □《けん》民《みん》ホール

⑨ □□《そうだん》者《しゃ》

⑩ □□《せかい》

⑪ □□《りゆう》

4 ——を漢字と送《おく》りがなで書きましょう。 一つ2点【4点】

① 子犬をそだてる。

② 電話でもうしこむ。

答え ▶125ページ

国語 24

かくにんテスト③

目標《もくひょう》時間 20分

名前

学習《がくしゅう》した日　月　日

とく点

100点まん点

答え ▶125ページ

1 詩《し》を読んで、答えましょう。【40点】

□

武鹿《ぶしか》悦子《えつこ》

歌声をのみこんで
川が　ぴたっと立ちどまる
どこかで　いま

いろもない　かおりもない
花が　しずかに　ひらきだす
どこかで　いま

山奥《やまおく》の森の木が
おともたてずに　移動《いどう》する
どこかで　いま

海鳴りの波《なみ》のなか
ふしぎな卵《たまご》が　かえってる
どこかで　いま

（「武鹿悦子詩集　たけのこ　ぐん！」〈岩崎書店〉より）

① □には、この詩の題名《だいめい》が入ります。詩の中から一行で書き出しましょう。【10点】

（　　　　）

② この詩は何をうたったものですか。一つえらんで、記号《きごう》を○でかこみましょう。【15点】

ア　自分の知らないどこかでたん生する、すばらしい命《いのち》。

イ　自分の知らないどこかにやってきた、新しいきせつ。

ウ　自分の知らないどこかで起《お》こっている、自然《しぜん》の中の出来事《できごと》。

③ この詩から読み取《と》れる作者《さくしゃ》の気持《きも》ちを一つえらんで、記号を○でかこみましょう。【15点】

ア　世《よ》の中には、不思議《ふしぎ》なことがたくさんありそうだなあ。

イ　世の中について、いろいろなことを知りたいなあ。

ウ　世の中が、いつまでも平和《へいわ》であってほしいなあ。

2 次《つぎ》のことわざの意味《いみ》をあとからそれぞれえらんで、記号で書きましょう。一つ10点【30点】

① どんぐりのせいくらべ（　　）

② さるも木から落《お》ちる（　　）

③ 石橋《いしばし》をたたいてわたる（　　）

ア　上手《じょうず》な人でもしくじることがある。

イ　たいへん用心深《ようじんぶか》く行動《こうどう》する。

ウ　とくに目立ってすぐれたものがない。

3 □に漢字《かんじ》を書きましょう。一つ5点【30点】

① □□《よてい》を□《と》い合わせる。

② □□《いいん》長に□□《そうだん》する。

③ □《しま》の□□《ちゅうおう》にそびえる山。

全科プリント　小学3年

答えとアドバイス

★まちがえた問題《もんだい》は，何度も練習《れんしゅう》してできるようにしましょう。

★アドバイス があるところは，よく読んでおきましょう。

算　数

1 かけ算①

(2ページ)

1 ①4　②7　③3　④9　⑤2　⑥8

2 ①30　②50　③70　④90　⑤20　⑥60　⑦80　⑧100

3 ①5　②7　③3　④8　⑤9　⑥6

4 ①60　②105

5 (式《しき》) 4×10=40　(答え) 40ぱ(わ)

アドバイス 2は，かけ算のきまりを使《つか》って，次《つぎ》のように計算できます。

①　3×10=3×9+3=30

⑤　10×2=2×10，2×10=2×9+2=20

4は，「かけられる数を分けて計算しても，答えは同じになる」というきまりを使って，次のように計算できます。

①　12×5……10×5=50 ┐
　　10 2　　　2×5=10 ┘→ 50+10=60

12×5のようなかけ算の計算のしかたは，ほかにもいろいろあります。

2 かけ算②

(3ページ)

1 ㋒，㋔

2 ①0　②0　③0　④0　⑤0　⑥0　⑦0　⑧0　⑨0　⑩0

3 ①(左からじゅんに) 10，0，4，0
②14点

4 ①(左からじゅんに) 0，5，3，2
②18点

アドバイス どんな数に0をかけても，0にどんな数をかけても，答えは0になります。

3の②は，10+0+4+0=14で，14点ともとめられます。

4では，「5×0」から，5点のところには1こも入っていないことがわかります。このように，式《しき》に表《あらわ》すことで，どこに何こ入ったか，おはじき入れのようすがよくわかりますね。

3 時こくと時間

(4ページ)

1 ①60　②80

2 ①午前10時10分　②午後3時20分

3 ①50分(分間)　②1時間50分　③2時間30分

4 ①分(分間)　②秒《びょう》(秒間)　③時間

5 午前9時30分

6 たくみさん

アドバイス 1は，短《みじか》い時間のたんいに秒があることと，1分=60秒であることを，しっかりおぼえておきましょう。

2の①は，午前9時40分の20分後が午前10時で，その10分後になるので，午前10時10分です。このように，ちょうどよい時こくをもとにして考えるとよいです。

5は，午前10時10分の40分前の時こくをもとめます。

6は，時間のたんいをそろえてくらべましょう。
2分30秒→150秒　または，140秒→2分20秒

4 わり算①

(5ページ)

1 ①5　②8

2 ①5　②7　③3　④2　⑤7　⑥6　⑦4　⑧9　⑨2　⑩6　⑪7　⑫8　⑬4　⑭8

3 ①(式《しき》) 32÷8=4　(答え) 4本
②(式) 32÷4=8　(答え) 8人

4 (式) 27÷3=9　(答え) 9 cm

5 (式) 49÷7=7　(答え) 7週間

アドバイス わり算では，わる数のだんの九九で答えを見つけます。たとえば，12÷3の式では，3がわる数であるということを，しっかりおぼえておきましょう。

3の①は，1人分の本数をもとめるわり算，②は分けられる人数をもとめるわり算です。答え方に気をつけましょう。

4は，1本分の長さをもとめるわり算です。答えには「cm」のたんいがつきます。

5は，7のだんの九九を使《つか》って答えを見つけます。わり算の計算になれてきたら，だいたいいくつになるか予想《よそう》を立ててみるようにしましょう。

5 わり算②

(6ページ)

1 ①(式《しき》) 5÷5=1　(答え) 1ぴき
②(式) 0÷5=0　(答え) 0ひき

2 ①1　②0　③7　④1　⑤0　⑥6　⑦1　⑧0

3 (式) 8÷1=8　(答え) 8人

4 (式) 9÷1=9　(答え) 9こ

5 (式) 56÷7=8，8×9=72
(答え) 72円

アドバイス 1～3は，1や0のわり算です。0のわり算では，「0を，0でないどんな数でわっても，答えはいつも0」とおぼえてもよいですし，1の②のようなようすをもとに考えてもよいでしょう。

2の③のような，わる数が1のわり算では，答えはわられる数と同じ数になります。

5　7こで56円なので，キャンディー1このねだんは，わり算を使って，56÷7=8→8円
このキャンディー9この代金《だいきん》は，かけ算を使って，8×9=72→72円

6 わり算③ （7ページ）

1 ①6　②5　③9　④6　⑤7　⑥3　⑦6
⑧9　⑨5　⑩0

2 ㋑に○

3 （式《しき》）35÷5＝7　（答え）7本

4 （式）24÷6＝4　（答え）4回

5 （式）63÷7＝9　（答え）9人

アドバイス **2**は，みかんがなくなるまで，1人に1こずつ配《くば》っていくので，㋑の図になります。㋐の図で問題《もんだい》をつくると，「みかんが9こあります。1人に3こずつ分けると，何人に分けられますか。」となります。ちがいに気をつけましょう。

7 大きい数のわり算 （8ページ）

1 ①10　②10　③20　④20　⑤10　⑥40
⑦30　⑧30　⑨11　⑩13　⑪13　⑫11
⑬24　⑭23　⑮11　⑯32　⑰22　⑱43
⑲32　⑳11

2 （式《しき》）60÷6＝10　（答え）10まい

3 （式）75÷5＝15　（答え）15たば

4 （式）48÷4＝12　（答え）12箱《はこ》

アドバイス **1**の①から⑧では，わられる数は10が何こかを考えて，計算します。

③40÷2 ……… 40は10が4こだから，4を2でわって，

⑩⑩┊⑩⑩　4÷2＝2 → 10が2こ → 40÷2＝20

⑨から⑳では，わられる数を10のまとまりとばらに分けて計算します。

⑩26÷2 ……… 26を20と6に分けます。（26 → 20　6）

20÷2＝10
6÷2＝ 3
→ 10＋3＝13

8 円と球 （9ページ）

1 ①18 cm　②9 cm

2 ①円　②㋐　③㋑　④6 cm

3 ①　②

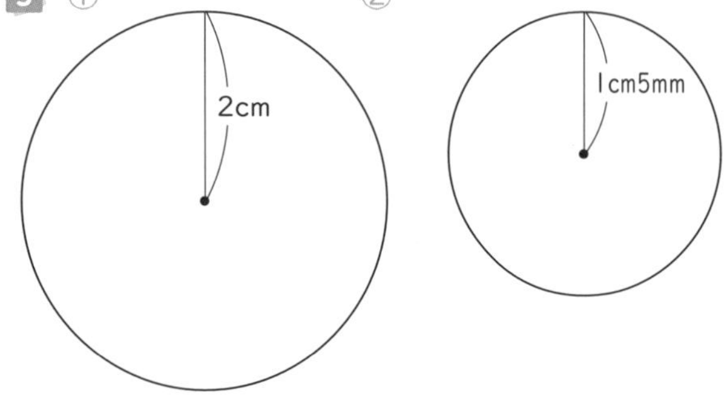

4 ㋑

5 ①3 cm　②24 cm

アドバイス 円と球《きゅう》の中心《ちゅうしん》，半径《はんけい》，直径《ちょっけい》ということばの意味《いみ》や，直径の長さは半径の2倍《ばい》になっていることを，おぼえておきましょう。

4では，㋐，㋑の長さをものさしではかると，㋐9 cm，㋑9 cm 5 mmなので，㋑のほうが長いことがわかります。または，コンパスで㋐の長さを㋑にうつしとって，くらべます。下のようになるので，㋑のほうが長いことがわかります。

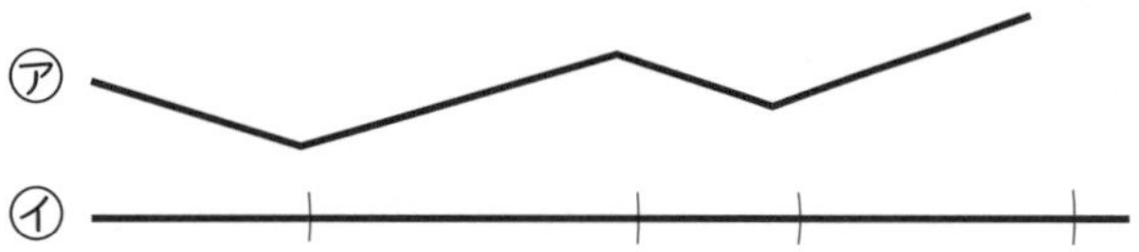

5の①では，まず直径の長さをもとめます。直径は12÷2＝6(cm)で，半径は直径の半分の長さなので，6÷2＝3(cm)となります。
②直径4つ分の長さが横《よこ》の長さなので，
6×4＝24(cm)

9 たし算の筆算《ひっさん》 （10ページ）

1 ①685　②487　③765
④553　⑤780　⑥703
⑦841　⑧810　⑨802
⑩406　⑪1485　⑫1539
⑬1155　⑭1351　⑮1000

2
① 360 ＋ 65 ＝ 425
② 174 ＋ 496 ＝ 670
③ 669 ＋ 808 ＝ 1477

3 （式《しき》）125＋485＝610　（答え）610円

4 （式）46＋374＝420　（374＋46＝420）
（答え）420まい

アドバイス たし算の筆算《ひっさん》でくり上がりがあるときは，くり上げた1を小さく書いて計算すると，たしわすれをふせぐことができます。

1の⑧

くり上げた1
　 1 1
　 493
＋317
　 810

10 ひき算の筆算《ひっさん》 （11ページ）

1 ①346　②240　③616
④396　⑤43　⑥483
⑦801　⑧364　⑨98
⑩866　⑪664　⑫5
⑬548　⑭626　⑮938

2
① 709 − 282 ＝ 427
② 843 − 96 ＝ 747
③ 701 − 4 ＝ 697

3 （式《しき》）614−317＝297　（答え）297人

4 （式）625−87＝538　（答え）538人

アドバイス ひき算の筆算《ひっさん》でくり下がりがあるときは，くり下げたあとの数を小さく書いて計算するとよいです。

1の⑨

　 4 7
　 5̸8̸2
−484
　　98

11 4けたの数の筆算《ひっさん》 （12ページ）

1 ①1706 ②3416 ③3003
④8102 ⑤8493 ⑥1486
⑦2097 ⑧2420 ⑨3933

2 ①（筆算《ひっさん》） （たしかめ）

```
  2346        695
+  695     +2346
  3041       3041
```

②（筆算） （たしかめ）

```
  8465       4899    (  3566 )
- 3566     + 3566    ( +4899 )
  4899       8465    (  8465 )
```

3 （式《しき》）1460＋570＝2030 （答え）2030円

4 （式）2000－1160＝840 （答え）840円

5 ①57554 ②90176 ③61241
④31643 ⑤10379 ⑥70265

アドバイス **5**のように，けた数が多くなっても筆算のしかたは同じです。くり上がりやくり下がりに気をつけて，一の位《くらい》からじゅんに計算します。

12 あまりのあるわり算① （13ページ）

1 ①○ ②△ ③○ ④△

2 ①2あまり1 ②4あまり2
③4あまり3 ④8あまり1
⑤5あまり2 ⑥4あまり2
⑦6あまり3 ⑧5あまり5
⑨7あまり2 ⑩6あまり2
⑪8あまり4 ⑫7あまり5
⑬2あまり6 ⑭6あまり6

3 （式《しき》）32÷5＝6あまり2
（答え）6人に分けられて，2こあまる。

4 （式）26÷3＝8あまり2
（答え）8本とれて，2mあまる。

5 （式）30÷7＝4あまり2
（答え）4こずつ入って，2こあまる。

アドバイス あまりのあるわり算では，計算をしたら，あまり<わる数となっていることをたしかめましょう。

13 あまりのあるわり算② （14ページ）

1 ①4あまり2
たしかめ…5×4＋2＝22
②8あまり1
たしかめ…3×8＋1＝25
③3あまり3
たしかめ…7×3＋3＝24
④3あまり5
たしかめ…9×3＋5＝32
⑤8あまり2
たしかめ…6×8＋2＝50
⑥7あまり7
たしかめ…8×7＋7＝63

2 ①7あまり1 ②○ ③6あまり1 ④○

3 （式《しき》）11÷2＝5あまり1
（5＋1＝6） （答え）6台

4 （式）60÷8＝7あまり4 （答え）7まい

5 （式）62÷7＝8あまり6
（8＋1＝9） （答え）9日

アドバイス **1**の，あまりのあるわり算の答えのたしかめは，「わる数×わり算の答え＋あまり」を計算して，わられる数になるかどうかを見ます。わられる数にならないときは，計算を見なおしてみましょう。

3～**5**は，あまりについてよく考えてから，答えを書くようにしましょう。

3では，子どもが5台に乗《の》ると，1人乗れないことになります。この1人が乗るために，もう1台いるので，答えは6台です。式は，

11÷2＝5あまり1，5＋1＝6 → 6台

と書いてもよいです。

4は，4円あまりますが，4円では8円の画用紙は買えないので，答えは7まいです。

5は，のこった6ページを読むのにもう1日かかるので，答えは9日になります。式は，

62÷7＝8あまり6，8＋1＝9 → 9日

と書いてもよいです。

14 あまりのあるわり算③ （15ページ）

1 ①4あまり1 ②6あまり3
③5あまり2 ④3あまり4
⑤2あまり2 ⑥7あまり5
⑦6あまり4 ⑧2あまり4
⑨7あまり3 ⑩3あまり5
⑪6あまり4 ⑫3あまり7

2 ①5あまり2
たしかめ…3×5＋2＝17
②8あまり3
たしかめ…5×8＋3＝43
③5あまり5
たしかめ…7×5＋5＝40
④5あまり6
たしかめ…9×5＋6＝51

3 ①6あまり1 ②2あまり4

4 （式《しき》）32÷6＝5あまり2
（答え）5たばできて，2本あまる。

5 （式）60÷8＝7あまり4
（7＋1＝8） （答え）8まい

アドバイス **5**は，画用紙が7まいでは，カードは4まいたりないことになります。このカード4まいを作るのに，画用紙がもう1まいいるので，答えは8まいになります。式は，

60÷8＝7あまり4，7＋1＝8 → 8まい

と書いてもよいです。

15 かくにんテスト① (16ページ)

1 ①60 ②0
2 ①午後4時10分 ②45分（分間）
3 ①8 ②6
③9あまり3 ④7あまり1
⑤12 ⑥11
4 ①12 ②7
5 ①951 ②1180 ③5000
④470 ⑤75 ⑥1438
6 （式《しき》）23÷3＝7あまり2
（7＋1＝8） （答え）8そう
7 （式）346＋179＝525 （答え）525こ

アドバイス 4では，直径《ちょっけい》の長さは，半径《はんけい》の2倍《ばい》であることから考えましょう。

6では，乗《の》れない2人が乗るボートがもう1そういるので，答えは8そうになります。式は，
23÷3＝7あまり2，7＋1＝8 → 8そう
と書いてもよいです。

16 大きい数① (17ページ)

1 ㋑
2 ①30576 ②1938017 ③504700
④30726004 ⑤600000
⑥4876000 ⑦80060520
3 ①2，6 ②0，3
4 ①20000 ②46000
5 ①10こ ②50こ ③74こ ④680こ

アドバイス 2のように，大きい数を数字で書くときは，かんたんな位取《くらいど》りの表《ひょう》を作り，それに書きこむようにすると，位のまちがいをふせぐことができます。

千	百	十	一	千	百	十	一
			万				
			3	0	5	7	6
			↑		↑	↑	↑
		①	三万		五百	七十	六

位

5の①では，右のように10000と1000を上下にならべて書くと，何こ集《あつ》めた数かわかりやすくなります。

10|000
1|000

17 大きい数② (18ページ)

1 ①㋐5000 ㋑28000
②㋐5770000 ㋑6020000
2 ①809900 ②100000000
③99500000
3 ①＜ ②＝ ③＞
4 ①280 ②7300 ③4020
5 ①3000 ②56000 ③80000
6 ①9 ②66 ③700

アドバイス 1の①では，数直線《すうちょくせん》の1めもりは，1000です。②では，1めもりは，10000です。

2の①や③のように，ある数よりいくつ小さい数，または大きい数をもとめるときは，位取《くらいど》り表《ひょう》に数字を書いて考えるとよいでしょう。

また，千万を10こ集めた数は一億《おく》で，100000000（0が8こ）と書きます。

3 数や式《しき》の大小は，不等号《ふとうごう》を使《つか》って表《あらわ》します。

㊜＞㊝ ㊝＜㊜

左のように表すことをおぼえておきましょう。

③では，600万と500万の大きさをくらべます。

18 大きい数③ (19ページ)

1 ①48609300 ②100000000
③5138000 ④20070500
⑤38000
2 ①一万の位《くらい》…5 十万の位…8
②85こ ③853こ
3 ㋐6800万 ㋑9300万
4 ①29000 ②40000 ③87
5 ①13000 ②420000
③6000 ④300000
⑤12万 ⑥27万
⑦8万 ⑧14万

アドバイス 5は，1000や1万などをもとにして計算します。

①8000＋5000 ❶1000が(8＋5)こで，13こ
❷1000が13こで，13000
⑤7万＋5万 ❶1万が(7＋5)こで，12こ
❷1万が12こで，12万

19 (2けた)×(1けた)の筆算《ひっさん》 (20ページ)

1 ①80 ②560 ③600 ④3000
2 ①69 ②80 ③96
④78 ⑤355 ⑥248
⑦235 ⑧576 ⑨469
⑩114 ⑪234 ⑫510
3 ① $\begin{array}{r} 38 \\ \times\ \ 2 \\ \hline 76 \end{array}$ ② $\begin{array}{r} 68 \\ \times\ \ 4 \\ \hline 272 \end{array}$ ③ $\begin{array}{r} 25 \\ \times\ \ 8 \\ \hline 200 \end{array}$
4 （式《しき》）24×6＝144 （答え）144こ
5 （式）48×7＝336 （答え）336さつ

アドバイス 1は，10や100が何こあるかを考えて，九九を使《つか》ってもとめます。

②80×7 ❶10が(8×7)こで，56こ
❷10が56こで，560
④600×5 ❶100が(6×5)こで，30こ
❷100が30こで，3000

2 (2けた)×(1けた)の筆算《ひっさん》では，かけ算だけではなく，たし算にも気をつけて計算しましょう。

20 (3けた)×(1けた)の筆算《ひっさん》 (21ページ)

1 ①936 ②486 ③860
④764 ⑤870 ⑥807
⑦2880 ⑧1618 ⑨4557
⑩6912 ⑪2916 ⑫3300

2 ① $\begin{array}{r} 309 \\ \times \quad 2 \\ \hline 618 \end{array}$ ② $\begin{array}{r} 273 \\ \times \quad 8 \\ \hline 2184 \end{array}$ ③ $\begin{array}{r} 835 \\ \times \quad 6 \\ \hline 5010 \end{array}$

3 ①2 ②48

4 ①480 ②390

5 (式《しき》)138×6=828 (答え)828円

6 (式)286×4=1144 (答え)1144こ

アドバイス **1**の① 312×3…300×3=900だから,答えはだいたい900になります。

3,**4**は,「3つの数のかけ算では,はじめの2つの数を先に計算しても,あとの2つの数を先に計算しても,答えは同じになる」というきまりをもとに考えます。

4の① 80×2×3=80×(2×3)
=80×6=480

4の② 39×2×5=39×(2×5)
=39×10=390

21 長い長さ (22ページ)

1 ①㋐83 cm ㋑1 m5 cm
②㋐10 m75 cm ㋑11 m18 cm

2 ①2000 ②5
③1500 ④4,700
⑤6030

3 ①cm ②km ③m

4 ①きょり…1 km180 m,
道のり…1 km640 m
②460 m

アドバイス **4**の①の道のりは,590 mと1 km50 mをあわせた長さで,
590 m+1 km50 m=1 km640 m
です。

②は,1 km640 mと1 km180 mのちがいなので,
1 km640 m−1 km180 m=460 m
です。

22 小数の表《あらわ》し方としくみ (23ページ)

1 ①0.3 L ②1.7 L

2 ①0.6 ②2.5 ③3,9

3 ㋐0.7 m ㋑1.3 m ㋒2.6 m ㋓3.1 m

4 ①3.4 ②2.6 ③4.8

5 ①37 ②4,5

6 ①< ②> ③< ④> ⑤> ⑥<

アドバイス **2**の① 1 dL=0.1 Lに注意《ちゅうい》しましょう。

2の② 10 cm=0.1 mに注意しましょう。

4の②では,1が2こで2,0.1が6こで0.6,2と0.6で2.6とします。

なお,小数では小数点のすぐ右の位《くらい》が小数第一《しょうすうだいいち》位《い》ということも,おさえておきましょう。

23 小数のたし算とひき算 (24ページ)

1 ①㋐6 ㋑3 ㋒9 ㋓0.9
②㋐7 ㋑4 ㋒3 ㋓0.3
③㋐10 ㋑0.2

2 ①0.8 ②1
③2.4 ④1.3
⑤0.2 ⑥0.7
⑦0.6 ⑧0.7

3 ①(式《しき》)0.5+0.8=1.3 (答え)1.3 L
②(式)0.8−0.5=0.3 (答え)0.3 L

アドバイス **2**の②は,0.1が(2+8)で10こ,0.1が10こで1となります。

2の⑥は,0.1が(10−3)で7こ,0.1が7こで0.7となります。

2の⑦は,0.1が(16−10)で6こ,0.1が6こで0.6となります。

2の⑧は,0.1が(12−5)で7こ,0.1が7こで0.7となります。

24 小数のたし算とひき算の筆算《ひっさん》 (25ページ)

1 ①1.8 ②8 ③1.6

2 ①4.7 ②6.4 ③8.3 ④10.3
⑤8 ⑥6.9 ⑦3.2 ⑧2.3
⑨0.8 ⑩3 ⑪7 ⑫5.4

3 ① $\begin{array}{r} 7.2 \\ +\ 1.8 \\ \hline 9.\cancel{0} \end{array}$ ② $\begin{array}{r} 13.5 \\ +\ \ 6.6 \\ \hline 20.1 \end{array}$ ③ $\begin{array}{r} 10 \\ -\ \ 7.4 \\ \hline 2.6 \end{array}$

4 (式《しき》)4.8+2.5=7.3 (答え)7.3 L

5 (式)7.5−1.8=5.7 (答え)5.7 m

アドバイス **2**の⑤,⑩,⑪は,答えの小数第一《しょうすうだいいち》位《い》の数が0になります。「$\cancel{0}$」のように,0をななめの線で消《け》して整数《せいすう》で答えます。また「$\cancel{.0}$」のように,小数点と0の両方《りょうほう》をななめの線で消す表《あらわ》し方《かた》もあります。⑨は,答えの一の位《くらい》が0になります。書きわすれないように注意《ちゅうい》しましょう。

3 小数の筆算《ひっさん》では,次《つぎ》のことに注意しましょう。

❶位をそろえて書く。
❷整数のたし算・ひき算と同じように計算する。
❸上の小数点にそろえて,答えの小数点をうつ。

$$\begin{array}{r} 10.0 \\ -\ \ 7.4 \\ \hline 2.6 \end{array}$$

1 二等辺三角形（正三角形でないもの）
ウ，オ，キ
正三角形　ア，エ，ク

2 ①　　　　　　②

4cm
3cm5mm　3cm5mm
3cm
3cm5mm

3 ①あとう　②あといとう

4 ①3しゅるい　②5しゅるい　③12cm

🐛 **アドバイス** **3**①は二等辺三角形だから，2つの角の大きさが等しくなります。②は正三角形だから，3つの角の大きさが等しくなります。

　4①は，1辺の長さが2cmと3cmと4cmの3しゅるいの正三角形ができます。

　②は，3辺の長さが（2cm，2cm，3cm），（2cm，3cm，3cm），（2cm，4cm，4cm），（3cm，4cm，4cm）の5しゅるいの二等辺三角形ができます。3辺の長さが（2cm，2cm，4cm）のときは，三角形とはなりません。

　③は，まわりの長さがいちばん長い正三角形は，1辺の長さが4cmの正三角形です。

1 ①3　②70906200

2 ①74　②384　③984　④3367

3 ①320　　　②2700
　　③730　　　④480

4 ①3，200　②1，900

5 ①正三角形　②二等辺三角形

6 ①9.5　②3.4　③6　④1.6

7 （式）390×3＝1170　（答え）1170円

🐛 **アドバイス** **4**では，長さのたんいに，mm，cm，m，kmがあることもかくにんしましょう。1kmが1000mと等しいこともおさえておきましょう。

　5の①では，辺アイと辺アウは半径だから，6cmで，3つの辺が等しいので正三角形です。

　②は，辺アエと辺アオは半径だから6cmで，2つの辺が等しいので二等辺三角形です。

　6の③では，答えを6.0ではなく，6と整数で答えます。④では，7を7.0として計算します。くり下がりにも気をつけましょう。

1 ①　　　　　②

1m　　　　1m

2 ①$\frac{1}{4}$L　②$\frac{5}{6}$L　③$\frac{4}{7}$L

3 分数　⑦$\frac{1}{10}$　④$\frac{5}{10}$　⑦$\frac{8}{10}$
　　小数　⑦0.1　④0.5　⑦0.8

4 ①$\frac{4}{5}$　②$\frac{3}{4}$　③3　④0.7

5 ①

0　　　　　　　　　　1

$\frac{2}{6}$　　$\frac{2}{3}$

②$\frac{2}{3}$　③大きい

🐛 **アドバイス** **5**の①で，$\frac{2}{3}$と$\frac{2}{6}$がそれぞれ数直線のどのいちにあるかを調べます。整数と同じように，数直線では右にいくほど数が大きくなります。分子が同じ分数では，分母が小さいほうが大きい数になります。

1 ①$\frac{4}{5}$　②$\frac{3}{4}$　③$\frac{3}{6}$　④$\frac{7}{8}$　⑤$\frac{5}{7}$
　⑥1　⑦1　⑧$\frac{8}{9}$　⑨1　⑩$\frac{6}{7}$
　⑪$\frac{7}{10}$　⑫1

2 （式）$\frac{3}{7}+\frac{1}{7}=\frac{4}{7}$　（答え）$\frac{4}{7}$L

3 （式）$\frac{2}{9}+\frac{5}{9}=\frac{7}{9}$　（答え）$\frac{7}{9}$km

4 ①$\frac{4}{5}$　②$\frac{7}{8}$　③$\frac{8}{9}$　④1

🐛 **アドバイス** **1**は，分母が同じ数どうしのたし算です。①の$\frac{1}{5}+\frac{3}{5}$は，$\frac{1}{5}$が何こかを考えます。$\frac{1}{5}$が（1＋3）で4こ，$\frac{1}{5}$が4こで$\frac{4}{5}$となります。

　4は，3つの分数のたし算です。整数と同じように左からじゅんに計算しましょう。

1 ①$\frac{3}{5}$　②$\frac{1}{4}$　③$\frac{2}{6}$　④$\frac{3}{7}$　⑤$\frac{3}{8}$
　⑥$\frac{1}{3}$　⑦$\frac{2}{9}$　⑧$\frac{2}{5}$　⑨$\frac{4}{9}$　⑩$\frac{2}{10}$
　⑪$\frac{3}{10}$　⑫$\frac{4}{10}$

2 （式）$\frac{7}{8}-\frac{3}{8}=\frac{4}{8}$　（答え）$\frac{4}{8}$m

3 （式）$\frac{6}{9}-\frac{3}{9}=\frac{3}{9}$　（答え）$\frac{3}{9}$L（少ない）

4 ①$\frac{1}{6}$　②$\frac{2}{9}$　③$\frac{2}{9}$　④$\frac{3}{10}$

🐛 **アドバイス** **1**の⑥では，1をひく数の分母にそろえて$\frac{3}{3}$として計算しましょう。

　4は，左からじゅんに計算していきます。

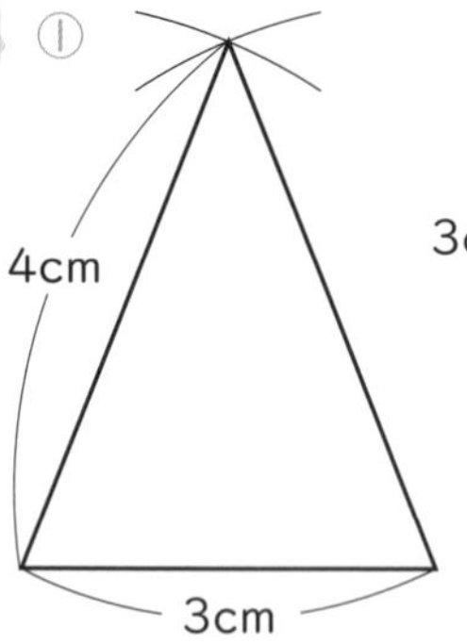

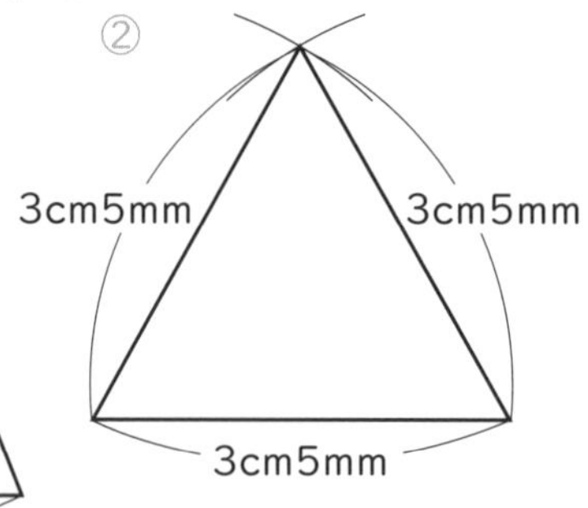

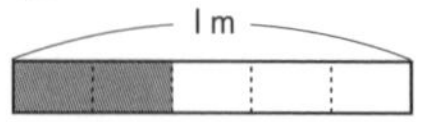

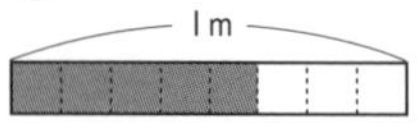

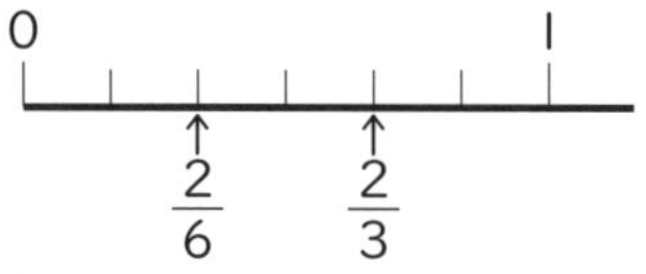

30 □を使った式 (31ページ)

1 ①26，40
②40，26，14 （答え）14まい

2 ①5，15
②15，5，3 （答え）3こ

3 （式《しき》）□＋15＝42
□＝42－15，□＝27 （答え）27人

4 （式）□－54＝30
□＝30＋54，□＝84 （答え）84ページ

5 （式）□÷7＝8
□＝8×7，□＝56 （答え）56こ

アドバイス 答えをもとめたら，□にあてはめて正しいかどうかをたしかめてみましょう。

4は，全部《ぜんぶ》のページを□ページと考え，ひき算を使《つか》います。

5は，全部のいちごの数を□こと考え，わり算を使います。

31 倍《ばい》の計算 (32ページ)

1 ① （式《しき》）12÷4＝3 （答え）3倍《ばい》
② （式）4×4＝16 （答え）16 cm

2 （式）3×5＝15 （答え）15本

3 （式）21÷7＝3 （答え）3倍

4 （式）48÷8＝6 （答え）6円

アドバイス **1**①では，何倍《なんばい》かをもとめるので，わり算を使《つか》います。②は，もとにする長さ（白のテープの長さ）の4倍の長さをもとめるので，かけ算を使います。

2では，もとにする本数（3本）の5倍をもとめるので，かけ算を使います。

3では，何倍かをもとめるので，わり算を使います。

4では，もとにするねだん（キャンディー1このねだん）をもとめるので，わり算を使います。□を使った式で表すと，次《つぎ》のようになります。

キャンディー1このねだんを□円とすると，
□×8＝48
□＝48÷8
□＝6 （答え）6円

32 (2けた)×(2けた)の筆算《ひっさん》① (33ページ)

1 ①80 ②930 ③2650 ④2400

2 ①992 ②480 ③903
④943 ⑤384 ⑥564
⑦816 ⑧658 ⑨525

3

```
①   21     ②   25     ③   17
  × 32       × 23       × 45
  ----       ----       ----
    42         75         85
   63         50         68
  ----       ----       ----
   672        575        765
```

4 2，30

5 （式《しき》）48×12＝576 （答え）576まい

アドバイス **4**の筆算《ひっさん》にある「54」は，18×30＝540のことです。そのため，左へ1けたずらして書きます。

33 (2けた)×(2けた)の筆算《ひっさん》② (34ページ)

1 ①896 ②720 ③1026
④1898 ⑤2666 ⑥7047
⑦1482 ⑧4557 ⑨2752
⑩2314 ⑪6324 ⑫3008

2

```
①   39     ②   63     ③   79
  × 30       ×  8       × 80
  ----       ----       ----
  1170        504       6320
```

3 （式《しき》）35×32＝1120 （答え）1120 m

4 （式）72×48＝3456 （答え）3456円

アドバイス **2**の①は，一の位《くらい》の0の計算をはぶいて一の位に0を書き，つづけて十の位の計算をするとかんたんです。②は8×63＝63×8を使《つか》って計算をするとかんたんになります。

34 (3けた)×(2けた)の筆算《ひっさん》 (35ページ)

1 ①4922 ②8255 ③7391
④10752 ⑤33264 ⑥21762
⑦30750 ⑧42280 ⑨34560
⑩48008 ⑪46265 ⑫38442

2 （式《しき》）573×16＝9168 （答え）9168円

3 （式）450×28＝12600
（答え）12600 mL

4 ①135255 ②148200 ③458544

アドバイス (3けた)×(2けた)の筆算《ひっさん》も(2けた)×(2けた)と同じように計算できます。くり上がった数をたしわすれないように注意《ちゅうい》しましょう。

4の(3けた)×(3けた)は下のように計算します。

```
①    635
   × 213
   ------
    1905 ← 635×3
    635  ← 635×10
  1270   ← 635×200
  ------
  135255
```

かける数の十の位《くらい》の計算では，一の位の計算から1けた左に書きます。百の位の計算では，十の位の計算から1けた左に書くようにします。

35 ぼうグラフ

(36ページ)

1 ①2分　②12分　③名前…みゆき，時間…18分
④4分（多くかかる）
⑤2倍かかる人…しんじ，
3倍かかる人…みゆき

2 ①25 m　②160円

3

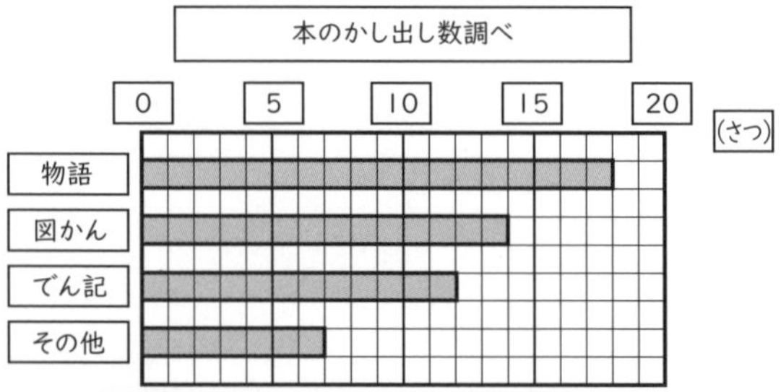

本のかし出し数調べ
0
5
10
15
20
(さつ)
物語
図かん
でん記
その他

アドバイス **2**の①の1めもりは，10 mを2つに分けた1つ分なので5 m，②の1めもりは，100円を5つに分けた1つ分なので20円を表《あらわ》しています。

3は，いちばん多い，物語《ものがたり》の18さつが表せるように，横《よこ》のじくのめもりのとり方に気をつけましょう。また，たんいや表題《ひょうだい》を書くのをわすれないようにしましょう。

36 表

(37ページ)

1 ①

ねこ	正 丅	パンダ	𤴓
犬	正 𤴓	ハムスター	丅
うさぎ	正	ライオン	一

②

すきな動物

しゅるい	人数（人）
ねこ	7
犬	9
うさぎ	5
パンダ	4
その他	3
合計	28

③　犬

2 ①

住んでいる町　（人）

組 町名	1組	2組	3組	合計
北川町	10	11	9	30
東海町	8	6	10	24
西谷町	7	8	6	21
その他	3	5	4	12
合計	28	30	29	87

②　24人
③　30人
④　87人

アドバイス **1**の②で，ハムスターとライオンがすきな人の人数は，数が少ないので，その他《た》としてまとめます。

2の④の3年生の全部《ぜんぶ》の人数は，たてと横《よこ》の合計のらんがぶつかったところに表《あらわ》されます。だから，3年生全部の人数は，
30＋24＋21＋12＝87（人）
28＋30＋29＝87（人）
のどちらでももとめられます。

37 重さ

(38ページ)

1 ①530 g　②750 g　③3 kg400 g

2 ①2000　②5300　③7，500

3 ①g　②kg　③g

4 （式《しき》）300 g＋900 g＝1 kg200 g
（答え）1 kg200 g

5 （式）1 kg200 g－800 g＝400 g
（答え）400 g

アドバイス **1**で，はかりのめもりを読むときは，大きいめもりからじゅんに読んでいくとよいです。③では，まず，3 kgに注目《ちゅうもく》しましょう。

2　1 kg＝1000 gはかならずおぼえましょう。

4，**5**の式は，たんいをつけずに次《つぎ》のように書いても正かいです。

4（式）300＋900＝1200
1200 g＝1 kg200 g　（答え）1 kg200 g

5（式）1 kg200 g＝1200 g
1200－800＝400　（答え）400 g

38 かくにんテスト③

(39ページ)

1 ①1　②$\frac{5}{9}$　③$\frac{2}{7}$　④$\frac{4}{5}$

2 ①1008　②2324　③67624

3 ①　（式《しき》）□×7＝56
②　（式）□＝56÷7
□＝8　（答え）8

4 ①木曜日で13人　②47人

5 ①950 g　②2 kg800 g

アドバイス **1**の④は，1を$\frac{5}{5}$として$\frac{5}{5}-\frac{1}{5}$を計算します。

3は，①で□を使《つか》った式で表《あらわ》しましたが，もとにする長さ（黄のテープの長さ）をもとめるので，
（くらべられる量）÷（倍にあたる数）
＝（もとにする量）
のように，わり算を使って，
56÷7＝8
としてもとめることもできます。

4の②は，月曜日から金曜日までの人数をたしてもとめます。
8＋6＋9＋13＋11＝47（人）

5の①　大きい1めもりが100 gを表しています。

英　語

1 アルファベットの大文字① (40ページ)

2

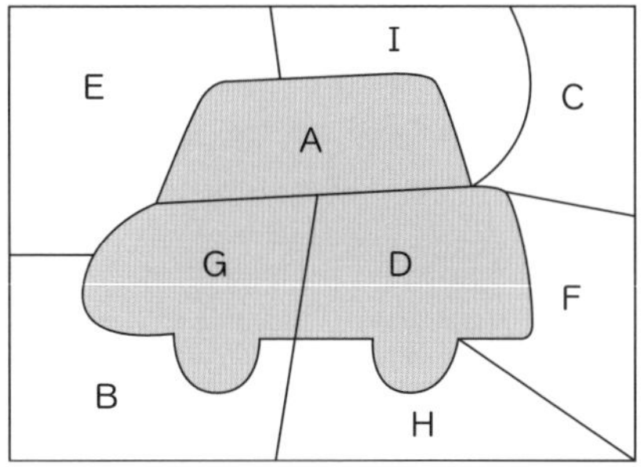

読まれた音声

2 A，D，G

アドバイス **2**　アルファベットの大文字のA，D，Gのマスをぬりましょう。DはBと音がにているので注《ちゅう》意《い》して聞き取《と》りましょう。

2 アルファベットの大文字② (41ページ)

2

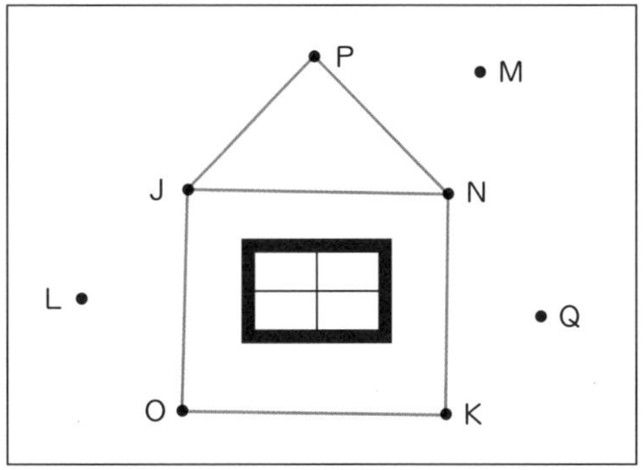

読まれた音声

2 J，P，N，J，O，K，N

アドバイス **2**　アルファベットの大文字のNとMは音がにているので聞き取《と》るときは気をつけましょう。

3 アルファベットの大文字③ (42ページ)

2

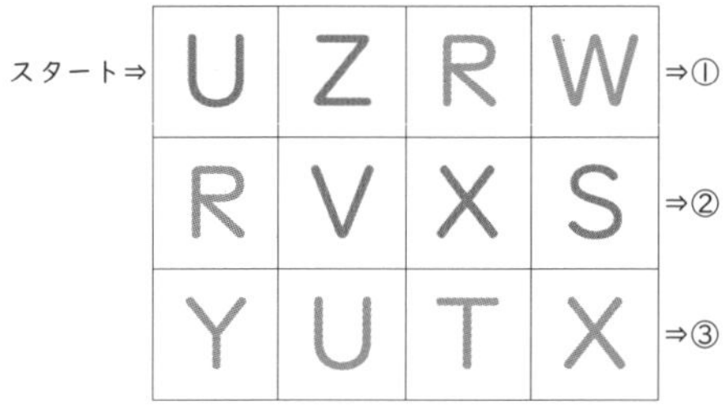

ゴールは（ ② ）番

読まれた音声

2 U，Z，V，X，S

アドバイス **2**　アルファベットの大文字のUとVは形がにているのでなぞるときは注《ちゅう》意《い》しましょう。

4 かくにんテスト① (43ページ)

1

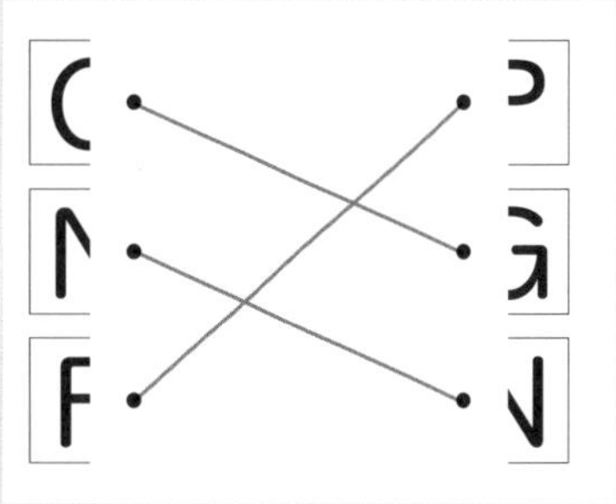

※上からG，N，P

2

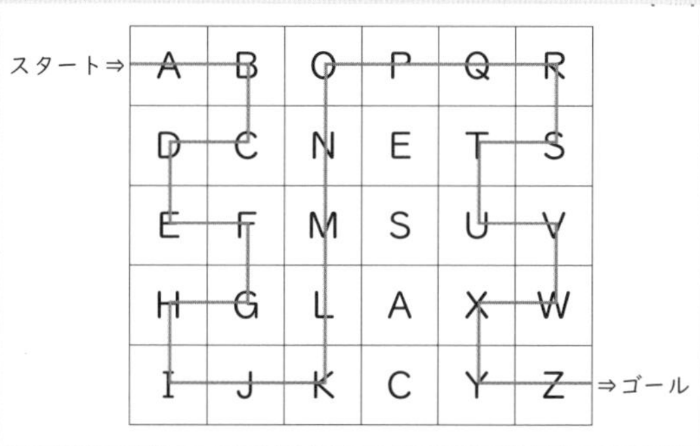

3 ①○　②×　③×

4

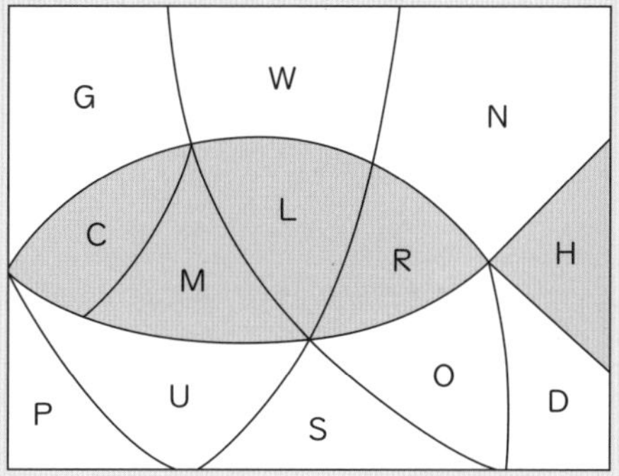

読まれた音声

4 C，H，L，M，R

アドバイス **2**　アルファベットのじゅん番をしっかりとおぼえましょう。AからZまで声に出して言う練習《れんしゅう》をすると，よくおぼえることができます。

5 アルファベットの小文字①　(44ページ)

2

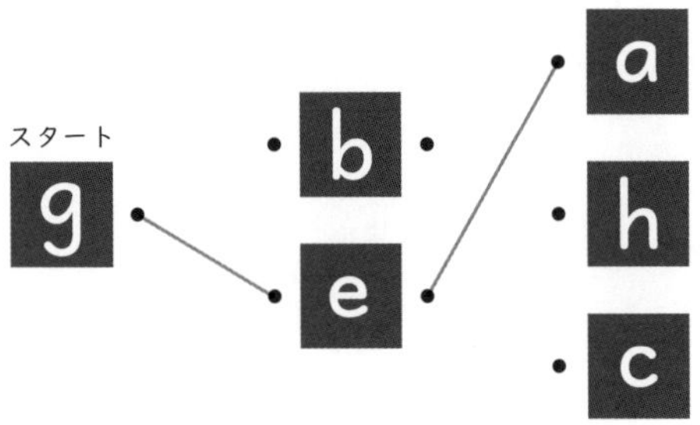

読まれた音声

2 g，e，a

アドバイス 2　アルファベットの小文字は大文字といっしょにおぼえましょう。

6 アルファベットの小文字②　(45ページ)

2

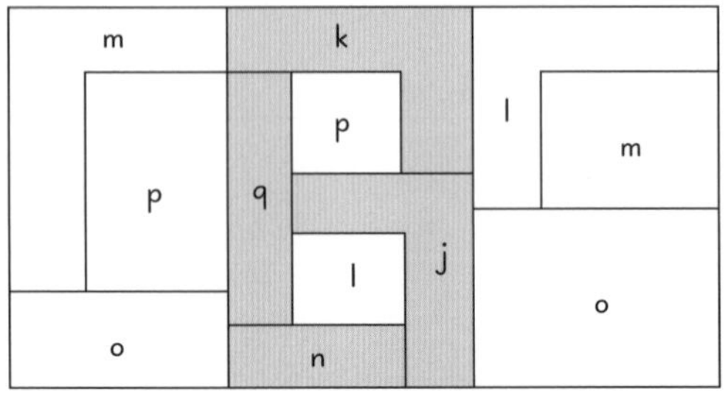

かんせいした数字は　(　8　)

読まれた音声

2 j，q，k，n

アドバイス 2　アルファベットの小文字のpとqは形がにているので注《ちゅう》意《い》しましょう。

7 アルファベットの小文字③　(46ページ)

2

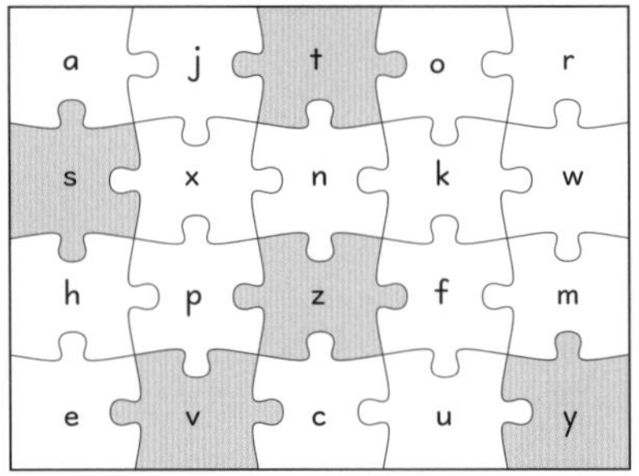

読まれた音声

2 y，t，z，s，v

アドバイス 2　読まれなかったアルファベットも自分で読んでみましょう。

8 かくにんテスト②　(47ページ)

1 ①×　②○

2

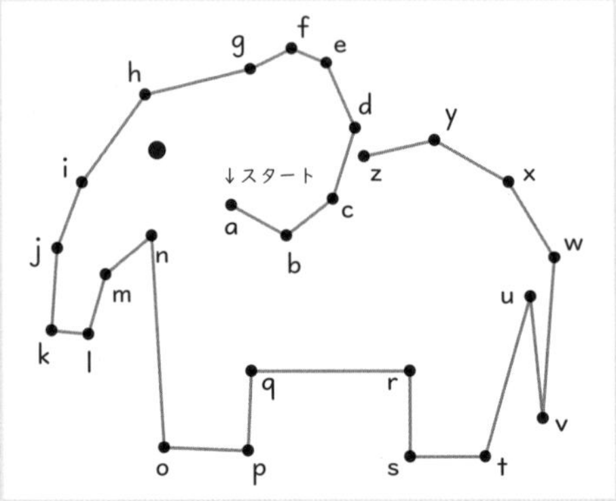

3

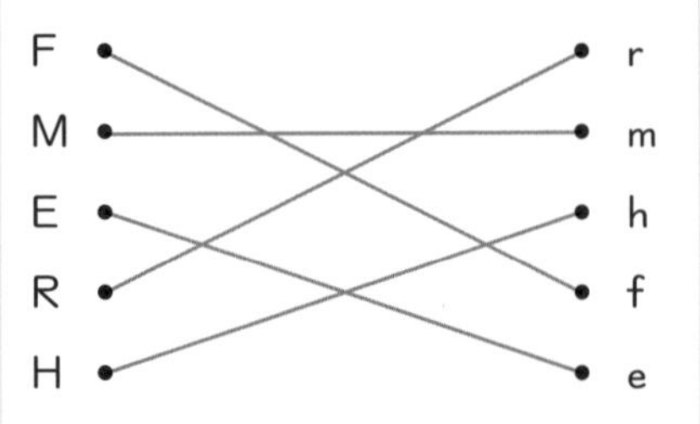

4

a	t	s	d
i	n	l	y
k	g	b	q
z	c	p	j

読まれた音声

4 n，b，j，t，c，k

アドバイス 4　小文字のbはd，p，qと音や形がにているので注《ちゅう》意《い》しましょう。

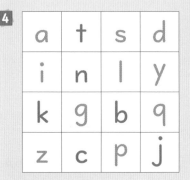

社会

1 学校のまわり（まちの様子《ようす》）（48ページ）

1 ③に○
2 ②→①→④→③
3 ア，イ，オ
（じゅん番はちがっていても正かい。）
4 ①北　②(あ)イ　(い)エ
5 ①イ　②ア　③エ　④ウ

アドバイス **1** 方位《ほうい》じしんのはりの色のついているほうが北を指《さ》すように向《む》きを合わせます。
3 だれでもりようすることができるたて物《もの》や場所《ばしょ》を公共《こうきょう》しせつといいます。じどう館《かん》や交番，消《しょう》ぼうしょなども公共しせつです。
4 ①絵地図だけでなく，地図はふつう北が上になるようにかきます。

2 市の様子《ようす》しらべ①（49ページ）

1 ①インターネット　②市役所《しやくしょ》　③手紙
2 ア，エ（じゅん番はちがっていても正かい。）
3 ①エ　②ウ　③ア　④イ
4 ①北西　②北東　③西　④南東

アドバイス **1** ①しりょうを集《あつ》めるときは，インターネットのほかに，図書館《としょかん》などをりようするのもよいでしょう。
2 じっさいに行ってしらべるときは，しっかり予《よ》定《てい》を立てましょう。また，会いたい人がいるときは，まえもってしらべたいことをつたえて，会うやくそくをしてから行きます。
3 この地図では，高いところとひくいところが色分けしてあります。アは森林，イは田，ウは工場，エは駅《えき》があることにも注目《ちゅうもく》しましょう。

3 市の様子《ようす》しらべ②（50ページ）

1 ①南東　②エ
③㋐けいさつしょ　㋑市役所
㋒図書館　㋓神社《じんじゃ》
2 ①㋐色　㋑自分
②(あ)－ア　(い)－ウ　(う)－イ

アドバイス **1** ①八方位では，東・西・南・北に北東・北西・南東・南西がくわわります。東北・西北・東南・西南とはいわないのでちゅういしましょう。②エの場所には，寺や城《しろ》あとの地図記号《きごう》があることからはんだんします。③図書館の地図記号は，本を開《ひら》いた形，神社の地図記号は，神社の入り口にあるとりいの形がもとになっています。
2 ①㋐写真《しゃしん》のほかに，絵やカードを地図とかんれんさせて使《つか》ってもわかりやすくなります。

4 かくにんテスト①（51ページ）

1 ①方位じしん
②市の地図
③カメラ
2 ①㋐学校（小・中学校）　㋑ゆうびん局《きょく》
㋒市役所　㋓かじゅ園（くだもの畑《ばたけ》）
②イ　③(い)　④北東

アドバイス **2** ①学校の地図記号は，漢字《かんじ》の「文」の形，かじゅ園の地図記号は，りんごなどの木になる実《み》の形がもとになっています。ゆうびん局の地図記号は，昔《むかし》，「ていしんしょう」とよばれていたときの頭文字の「テ」を記号にして○でかこんだものです。②ア海になっているのは，市の南がわです。ウ土地が高くなっているのは，市の東がわや北がわです。エ鉄道《てつどう》は，市の東西と南北に通っています。

5 店の仕事《しごと》をしらべる①（52ページ）

1 ①○　②○　③○　④○　⑤×　⑥×
2 ①しゅるい
②かんばん
3 ①エ　②オ　③ウ　④ア　⑤イ

アドバイス **1** スーパーマーケットの見学では，買い物をしている人のじゃまにならないようにしましょう。また，品物《しなもの》には手をふれないようにしましょう。
2 スーパーマーケットでは，お客《きゃく》さんが自分で品物をさがしてえらびます。そのため，見つけやすいように，品物をしゅるいごとにならべています。
3 ②コンシェルジュなどとよばれる係《かかり》の人が，お客さんの相談《そうだん》などに対《たい》おうしています。③品物が足りなくなることがないように，品物の注文数《ちゅうもんすう》を決《き》めています。⑤レジの人は，お金の受《う》けわたしをまちがえないように注意《ちゅうい》します。

6 店の仕事《しごと》をしらべる②（53ページ）

1 ①熊本県《くまもとけん》　②にんじん
③くり，バナナ
2 ①ウ　②イ　③ア
3 ①【れい】また使える（さいりようできる）
②アに○
③エコバッグ（マイバッグ）

アドバイス **1** 産地《さんち》とは，やさいやくだものなどがつくられた場所のことです。③中国《ちゅうごく》からくり，フィリピンからバナナが運《はこ》ばれています。
3 ②アはリサイクルコーナーなどとよばれ，牛にゅうパックや食品《しょくひん》トレーなどを集めてリサイクルするようにしています。③レジぶくろはごみになってしまうので，できるだけエコバッグを使いましょう。

7 農家《のうか》の仕事《しごと》をしらべる （54ページ）

1 ①（なえを植《う》える）9月
（土づくり）6月
②【れい】夜に明かりでてらす作業《さぎょう》。
③イ

2 ①ウ　②ア　③イ

3 ウ，エ（じゅん番はちがっていても正かい。）

アドバイス **1** あまおうは，福岡県《ふくおかけん》でさかんにつくられています。②夜に明かりでてらしたり，だんぼうせつびでビニールハウスの中をあたたかくしたりすることで，冬でもあまおうをしゅうかくすることができます。

2 ①たなの中にあるパイプには，水やひりょうが通っています。②みつばちは，みつを集《あつ》めるために花から花へとび回ります。

3 スーパーマーケットとけいやくして，直せつやさいなどをとどけている農家もあります。

8 工場の仕事をしらべる （55ページ）

1 ①えいせい（よごれ）
②Ⓐ－イ　Ⓘ－エ　Ⓤ－ア　Ⓔ－ウ

2 Ⓐ－ウ　Ⓘ－ア　Ⓤ－イ

3 いんげん豆《まめ》，こむぎこ

アドバイス **1** ①白い服《ふく》や白いぼうしを身《み》につけることで，よごれがあったときにすぐにわかるようにしています。②きかいを使《つか》う作業でも，かならず人がついて，かくにんするようにしています。

2 事務室《じむしつ》ではたらく人は，決《き》められた数のしゅうまいが，お店に時間どおりに運《はこ》ばれているかもかくにんしています。

3 よい原料《げんりょう》を使っておかしをつくるために，外国からも取《と》りよせています。

9 かくにんテスト② （56ページ）

1 ①Ⓐ－ウ　Ⓘ－イ　Ⓤ－ア
②【れい】たくさんのお客《きゃく》さんに買い物《もの》に来てもらうため。
③ごみ

2 ①○　②○　③×

3 ア→エ→イ→ウ

アドバイス **1** ①Ⓘ事務所《じむしょ》ではたらく人は，品《しな》物《もの》の売れぐあいをコンピューターでしらべて，どれだけ注文《ちゅうもん》するかを決めています。②スーパーマーケットは，ちらしに特売品《とくばいひん》をのせて，お客さんに知らせています。

2 ③農薬《のうやく》を使いすぎるとけんこうやかんきょうに悪《わる》いえいきょうが出るため，できるだけ少ない回数ですむようにくふうしています。

3 アは生地《きじ》（皮）をつくっているところ，イはやき上がりをかくにんしているところ，ウは箱《はこ》づめしているところ，エは形をつくっているところです。

10 火事《かじ》からくらしを守《まも》る① （57ページ）

1 ①119（番）　②通信指令室《つうしんしれいしつ》
③㋐病院《びょういん》　㋑電力会社
㋒けいさつしょ

2 ①㋐×　㋑○　㋒○　㋓○　㋔×
②交代《こうたい》

アドバイス **1** ①病気やけがで救急車《きゅうきゅうしゃ》に来てもらいたいときも，119番に電話をします。

2 ①㋐消《しょう》ぼうしょの人は，いつ火事がおきてもすぐかけつけられるように，当番の日は交代ですいみんをとりながらきんむしています。㋔ちゅう車いはんの取りしまりは，けいさつの人の仕事です。②いつも２人以上《いじょう》でそなえるようにしています。

11 火事からくらしを守る② （58ページ）

1 ①消火せん　②消火器《しょうかき》

2 ①イ
②㋐○　㋑×　㋒○

3 ①イ　②ウ　③ア

アドバイス **1** 消火せんやひなん場所《ばしょ》は，かんばんを立てるなどして目立つようにしています。

2 ①消ぼうだんの人たちは，ふだんはほかの仕事をしています。火事が起こったときは，消ぼうしょの人たちと協力《きょうりょく》して，消火活動《かつどう》を行います。②ほかにも，家庭《かてい》の見回りやぼう火のよびかけなどの活動を行っています。㋑のとうなん自転車《じてんしゃ》をさがすのは，けいさつの人の仕事です。

3 アは消火せん，イはぼう火シャッター，ウは熱《ねつ》感知器《かんちき》とよばれる消ぼうせつびです。ほかにも，救《きゅう》助《じょ》ぶくろや消火器などが学校にそなえられています。プールの水も火を消《け》すのに使います。

12 事故《じこ》や事件《じけん》からくらしを守る① （59ページ）

1 ①ウ　②イ　③ア　④エ

2 ①○　②×

3 ①110（番）　②消ぼうしょ
③㋐交通整理《せいり》　㋑原因《げんいん》（理由《りゆう》，わけ）

アドバイス **1** アは通学路《つうがくろ》をしめす交通ひょうしき，イは横断歩道《おうだんほどう》，ウはカーブミラー，エは点字ブロックです。

2 ②安全《あんぜん》マップは，学校や町がつくっている，あぶない場所や安全な場所をしめした地図です。ぼうはんマップともいいます。

3 ①110番に事故を通報《つうほう》するときは，落《お》ち着《つ》いて，事故の場所や様子《ようす》を，正しくつたえるように心がけましょう。

13 事故《じこ》や事件《じけん》からくらしを守《まも》る② (60ページ)

1 ①エ
②あ－ウ　い－ア　う－イ　え－エ

2 ①パトロール
②ウ，エ
（じゅん番はちがっていても正かい。）
③イ

アドバイス 1 ①エの火事《かじ》のときの消火活動《しょうかかつどう》は，消ぼうしょの人の仕事《しごと》です。けいさつの人も，火事のときには，交通整理《せいり》などで協力《きょうりょく》しますが，直せつ消火活動をすることはありません。
2 ②ウ歩道ではなく，自転車《じてんしゃ》せんようの道路《どうろ》を通るようにしましょう。エ事故にあったときなどに，頭を守るために，かならずヘルメットをかぶるようにしましょう。③イ車道と歩道のあいだにだんさがあると，お年よりやしょうがいのある人にとって，とてもきけんです。

14 市のうつりかわり (61ページ)

1 ①ア田，家　イ工場　ウ新幹線《しんかんせん》
②図書館《としょかん》，市民会館《しみんかい》
（じゅん番はちがっていても正かい。）

2 ①ア×　イ○
②ア団地《だんち》　イ高速道路《こうそくどうろ》

アドバイス 1 ①ア昔《むかし》にくらべて，今は家や店が広いはんいをしめています。イ市の北西の海がうめ立てられ，大きな工場ができています。ウ今は，市の東西を鉄道《てつどう》と新幹線が通っています。
2 ①ア1935年の市の人口は約《やく》５万人，2018年の市の人口は約25万人なので，約５倍《ばい》にふえていることがわかります。②年表を見ると，1964年に大きな団地ができたこと，1972年に高速道路が開《かい》通《つう》したことがわかります。

15 くらしのうつりかわり (62ページ)

1 ①あ－イ　い－ア　う－ウ
②あ－エ　い－ア　う－イ

2 ①まき（木）
②アかまど　イ時間　ウ井戸《いど》

3 はくぶつ館《かん》

アドバイス 1 ①あは石油《せきゆ》ランプ，いは七輪《しちりん》，うはせんたく板《いた》とたらいです。昔は電気やガスがなかったので，これらはすべて電気やガスを使《つか》いません。②アはＩＨ《アイエイチ》電気台，イはかんそうきつきせんたくき，ウは電気そうじき，エはＬＥＤ照明《エルイーディーしょうめい》です。
2 ①自分でかまどに火をおこし，まきをくべてもやして，その熱《ねつ》でなべやかまをあたためていました。②今はりょうりなどの家事にかかる時間がへり，ほかのことをできる時間がふえました。
3 ほかにも，きょう土しりょう館などに行って，しらべるとよいでしょう。

16 かくにんテスト③ (63ページ)

1 ①119（番）
②あ－ウ　い－イ

2 ①通信指令室《つうしんしれいしつ》
②ア交通いはん　イ交通安全《あんぜん》教室

3 ①エ　②ア　③イ　④オ

4 ①へっている　②（およそ）８倍
③税金《ぜいきん》

アドバイス 1 火事の知らせを受《う》けた消ぼう本《ほん》部《ぶ》の通信指令室は，現場《げんば》に近い消ぼうしょにれんらくして，消ぼう自動車や救急車《きゅうきゅうしゃ》を出動させます。ほかにも，けいさつしょや水道局《きょく》などの関係《かんけい》するところにれんらくして，協力をおねがいします。
3 ①りょうりをするときに使っていたかまどです。②部屋《へや》をあたためたり，お湯《ゆ》をわかしたりするときに使っていた火ばちです。③せんたくに使っていたせんたく板とたらいです。④音楽をきくときに使っていたレコードプレーヤーです。
4 ②1970年のお年よりの数はおよそ10万人，2018年のお年よりの数はおよそ80万人なので，およそ8倍です。

理 科

1 植物《しょくぶつ》のたねをまこう　(64ページ)

1 ①　マリーゴールド　②　ホウセンカ
③　オクラ　④　ヒマワリ

アドバイス ホウセンカのたねは茶色，オクラのたねは緑色（黒っぽい色もある）をしています。

2 ウ

アドバイス ホウセンカのように小さいたねは，土の中に深《ふか》くうめてしまうと，めが出ないことがあります。

3 ①　イに○　②　アに○
③　イに○　④　アに○

4 ①　イに○　②　アに○

2 植物の育《そだ》ち　(65ページ)

1

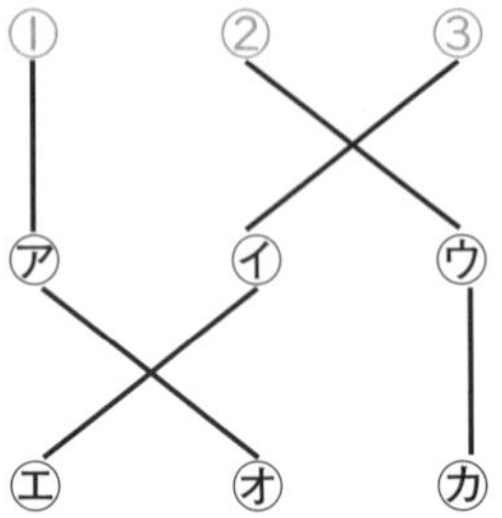

2 （じゅんに）2，ふえ，高（大き）

アドバイス 植物のしゅるいによって，子葉《しよう》の数が1まいの植物と2まいの植物があります。エノコログサやイネなどは子葉が1まい，ヒマワリやホウセンカなどは2まいです。

3 ①　あ
②　い

4 ①　ア…2　イ…1
ウ…4　エ…3
②　㋒

アドバイス ヒマワリの草たけをはかるときは，地面《じめん》からいちばん上にある葉《は》のつけ根《ね》までの長さ（高さ）をはかります。

3 チョウを育てよう　(66ページ)

1 ①　さなぎ
②　㋑…オ　㋒…ア　㋓…エ　㋔…イ
㋕…ウ　㋖…ク　㋗…カ　㋘…キ

2 ①　アに○　②　イに○
③　アに○　④　アに○

アドバイス モンシロチョウのよう虫《ちゅう》のあしは，下の絵のようになっています。

〈はらがわから見たようす〉

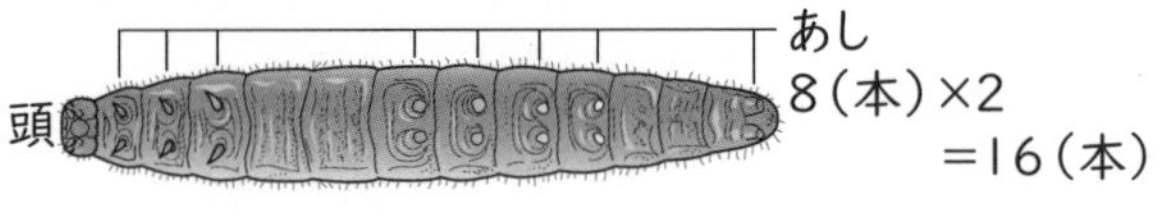

3 イ，エ，オに○

4 かくにんテスト①　(67ページ)

1 ①　ホウセンカ…㋒
オクラ…㋐
②　あ　ウ
い　イ
う　高く（大きく）なっていく（のびていく）。

2 ①　㋑…せい虫《ちゅう》
㋒…さなぎ
㋓…よう虫
②　(㋐)→㋓→㋒→㋑

3 ①　イ
②　ア

5 こん虫《ちゅう》のからだのつくり　(68ページ)

1 ①　ア…頭　イ…むね
ウ…はら　エ…しょっ角《かく》
オ…目　カ…口
キ…あし　ク…はね
②　ア…3に○　イ…6に○
ウ…むねに○
エ…むねに○
オ…はらに○

2 ①　ア，エ，カに○
②　イ，ウに○
③　イに○
④　アに○

アドバイス こん虫のからだは，頭，むね，はらの3つの部分《ぶぶん》に分かれ，むねからあしが6本出ています。クモやダンゴムシは，からだの分かれ方やあしの数がこん虫とちがうので，こん虫ではありません。ダンゴムシは，カニと同じなかまです。

6 植物のからだのつくり　(69ページ)

1 ①　㋐…葉
㋑…くき
㋒…根
②　くき

アドバイス 植物のからだは，葉，くき，根でできています。植物のしゅるいによってその形はちがっています。

・葉…植物が大きく育つと，葉は大きくなり，数がふえる。
・くき…大きく育つと，くきは太くなり，草たけも高く（大きく）なる。
・根…土の中に広がって，植物をささえる。

2 ア　根　イ　くき
ウ　葉　エ　根

3 ア ○　イ ×　ウ ○

4

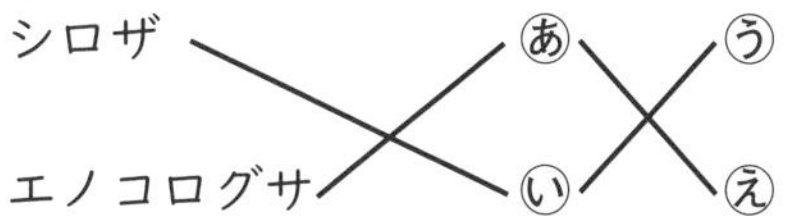

アドバイス シロザの葉《は》の葉《よう》みゃく（葉にあるすじ）は，あみの目のようになっています。このような植物《しょくぶつ》を双子葉類《そうしようるい》といい，根《ね》は主根《しゅこん》（まん中にある太い根）と側根《そっこん》（主根から出る細い根）があります。エノコログサのような葉みゃくをもつ植物を単《たん》子《し》葉類といい，根はひげ根になっています。

7 こん虫《ちゅう》の育《そだ》ち方 （70ページ）

1 ① ア…よう虫　イ…せい虫
② ア
③ ならない。

2 ① ア　② イ
③ イ　④ イ
⑤ イ　⑥ ア

アドバイス 〈たまご→よう虫→さなぎ→せい虫〉のじゅんに育つことを，完全変態《かんぜんへんたい》といい，〈たまご→よう虫→せい虫〉と，さなぎの時期《じき》がない育ち方を，不完全変態《ふかんぜんへんたい》といいます。

3 ① 草　② こん虫
③ 木のしる，木のみき　④ 土の中

アドバイス こん虫は，食《た》べ物《もの》があるところをすみかとしています。

8 植物《しょくぶつ》の花と実《み》 （71ページ）

1 花…ウ
実…オ
たね…エ

アドバイス アはオシロイバナの花，イはオシロイバナのたね，カはオクラの実です。

2 エ，オ

3 オシロイバナ…イ　アサガオ…ア
マリーゴールド…ウ　ヒマワリ…オ
フウセンカズラ…カ　オクラ…エ

4 ㋑

アドバイス 10月ごろになると，実がじゅくして，くきや葉，根がかれているヒマワリが多く見られます。

9 植物の一生《いっしょう》 （72ページ）

1 ① （ア→）ウ（→）エ（→）オ（→）イ
② ㋐…夏　㋑…たね
㋒…じゅく　㋓…かれ

アドバイス ホウセンカの実は，じゅくすとはじけて，中からたねが出てきます。

2 ① 1 ア（から）イ（ウでもよい。）
2 ウ
3 エ
② ㋑に○

10 かくにんテスト② （73ページ）

1 ① キ
② ある。に○

2 ① ㋓
② ㋐

3 ①…ウ　②…ア
③…イ

4 イ，エに○

11 太陽《たいよう》の動《うご》きと日なた・日かげ （74ページ）

1 ① ア…午前8時　イ…午前10時
ウ…午後2時　エ…午後4時
② オ…さえぎる　カ…反対

アドバイス かげは，太陽の反対《はんたい》がわにでき，同じ時こくではどのかげも同じ向《む》きにできます。太陽が東から西へ動くため，かげは西から東へと動きます。

太陽を見るときは，かならずしゃ光板《こうばん》（しゃ光ガラス，しゃ光プレート）を使《つか》うようにします。直せつ見ると目をいためてしまいます。

2 ① ○　② ○
③ ×　④ ○
⑤ ×　⑥ ○

3 ① イ
② 26℃

12 光と音のはたらきを調《しら》べよう （75ページ）

1 ① 明るくに○　② あたたかに○
③ まっすぐにに○　④ 高に○
⑤ 晴れに○　⑥ できたに○

アドバイス 光の道すじ（通り道）に手をかざすと，手の形をしたかげができます。

2 ア

アドバイス 虫めがねで集《あつ》めた光の大きさは，小さいほうが明るく，あたたかく（あつく）なります。

虫めがねで集めた光を，人や服《ふく》に当ててはいけません。また，ぜったいに虫めがねで太陽を見てはいけません。

3 ① ふるえている。
② 止まる。（小さくなる。）　③ イ

4 ① ふるえている。
② 聞こえなくなる。

アドバイス ものから音が出るときや音がつたわるとき，音が出ているものや音をつたえているものはふるえています。

13 風やゴムのはたらきを調《しら》べよう（76ページ）

1 ① （車は）動《うご》く。
② ㋐ (う)　㋑ (い)
㋒ (あ)
③ ㋐ 動かす　㋑ 大きく

アドバイス 車のほの部分《ぶぶん》に風を当てると，車は動きます。風の強さを強くすると，動くきょりは長くなります。

2 ① 20 cm
② 長くなる。
③ ㋐ ふやす（多くする）
㋑ 長くする

14 かくにんテスト③（77ページ）

1 ① ア…日なた　イ…日かげ
② 日なた，正午
2 ① 動かす
② 大きい（大きくなる）
③ 多い（ふえる）
④ 長い
3 ① ３まいに○
② 高くに○

アドバイス 太陽《たいよう》の光は，かがみを使《つか》ってはね返《かえ》すことができ，はね返した光を重《かさ》ねたとき，かがみの数が多いほど明るく，温度《おんど》は高くなります。

4 ① ふるえている
② 小さ
③ 小さい

アドバイス シンバルやトライアングルなどを弱くたたいたときの音は小さく，ふるえも小さいです。強くたたいたときの音は大きく，ふるえも大きいです。

15 豆電球《まめでんきゅう》に明かりをつけよう（78ページ）

1 ア ×　イ ○
ウ ×　エ ○
オ ×　カ ×
2 ① わ
② どう線
③ ＋（プラス）
④ －（マイナス）
3 ア ○　イ ×
ウ ○　エ ×
オ ○　カ ×
キ ×　ク ○

アドバイス どうや鉄《てつ》，アルミニウムなどの金《きん》ぞくは電気を通しますが，カのように金ぞくにとりょうがぬってあると，電気を通しません。

16 じしゃくで調《しら》べよう（79ページ）

1 ア ○　イ ×
ウ ×　エ ×
オ ×　カ ○

アドバイス 鉄でできたものは，とりょうがぬってあってもじしゃくにつきます。

2 ア ×　イ ×
ウ ○　エ ○
3 ① イに○
② イに○
4 ア…南
イ…北
ウ…北

アドバイス じしゃくは自由《じゆう》に動けるようにすると，N《エヌ》きょくは北，S《エス》きょくは南をさして止まります。

17 ものの重《おも》さをくらべよう（80ページ）

1 ① ㋐ かわらない
㋑ かわらない
㋒ かわらない
② 同じ
③ ㋐ かわらない（同じ）
㋑ かわらない（同じ）

アドバイス ものの重さは，形をかえたり，いくつかに分けて集《あつ》めたりしても，もとの重さと同じです。

2 ① 金ぞく（のおもり）
② 発《はっ》ぽうポリスチレン（のおもり）
③ ちがう。
④ ㋐

18 かくにんテスト④（81ページ）

1 ① ついたり消《き》えたりする。
② （豆電球《まめでんきゅう》は）つかない。
2 イ，ウに○

アドバイス 電池《でんち》と豆電球が1つのわのようにつながると豆電球がつきます。イのようにソケットを使《つか》わなくても，電気の通り道が1つのわのようになっていれば，明かりはつきます。

3 ① イ
② 動かない（かわらない）。
4 鉄のおもり…イ
木のおもり…ア
アルミニウムのおもり…ウ

国語

1 様子《ようす》や気持《きも》ちを読《よ》み取《と》ろう①（82ページ）

■ ①イ
②１つぼみ（さん）　２むすめ（さん）（美月）
③イ
④きのうの午後。
⑤つぼみ（さん）

アドバイス ■　①「きょとんと」は「びっくりして目を大きく開《あ》けた様子《ようす》」をいいます。だれかに旅館《りょかん》の仕事《しごと》を手つだってほしいと思っていたそのときに、「お手つだいにきました。」とむすめにいわれたので、つぼみさんはおどろいたのです。
②・④きのうの午後、つぼみさんが買い物に出かけたときに、つぼみさんがつぶやいた言葉《ことば》を、むすめがきいていたというのです。　⑤「こちらの畑《はたけ》」の「こちら」は、「つぼみさん」を指《さ》しています。だから、「父さんが、よろしくっていってました。」といったのです。

2 様子《ようす》や気持《きも》ちを読《よ》み取《と》ろう②（83ページ）

■ ①㋑
②〈れい〉（手つだったのは、）畑をかりているお礼のつもりだったから。
③〈れい〉（旅館の手つだいをしてくれた）むすめに、お礼をしたかったから。
④イ・エ　⑤１イ　２ウ

アドバイス ■　①前半は、むすめがつぼみさんの旅館《りょかん》から帰っていく場面《ばめん》、後半は、その「翌日《よくじつ》」に、つぼみさんが畑《はたけ》で二匹《にひき》のウサギを見る場面です。時や場所《ばしょ》のうつりかわりに注意《ちゅうい》して分けましょう。　②むすめは給料《きゅうりょう》を受《う》け取《と》らないで、「畑をかりているお礼《れい》です。」といっています。　③旅館の手つだいをしてくれたのに、給料を受け取らなかったむすめに、つぼみさんはお礼がしたかったのです。　④むすめがつぼみさんから畑をかりているといっていることから考えましょう。

3 漢字《かんじ》を読もう書こう①（84ページ）

1 ①しあ　②たにん　③やく・か　④す
⑤つか　⑥てちょう　⑦あじ　⑧さんばい
⑨さか・にかい　⑩いん・ま　⑪たいよう

2 ①アがかり　イけい　②アはじ　イねんし

3 ①国語・算数　②生活科・時間
③午後・父母会　④近・公園　⑤兄・弟
⑥姉・妹　⑦春・夏・秋・冬

4 ①ア雪　イ雲　②ア地　イ池

アドバイス 2　①ア「係《かかり》」は、「し育係《いくがかり》」のように言葉《ことば》が組み合わさると「がかり」とにごって読みます。

4　①ア「雪」とイ「雲」は仲間《なかま》の漢字《かんじ》で、部首《ぶしゅ》は「⻗」です。注意《ちゅうい》して書き分けましょう。　②ア「地」は「土・地面《じめん》」の意味《いみ》で、イ「池」は「いけ」や「ためておく所《ところ》」の意味です。

4 漢字《かんじ》を読もう書こう②（85ページ）

1 ①う・な　②ふく・ゆび　③はし
④いた・も　⑤ひろ　⑥おうさま
⑦かぞく・たび　⑧しょう　⑨はしら
⑩よこみち・くら

2 ①アね　イだいこん　②アう　イしょくりん

3 ①二倍・仕　②他人・手帳　③役・交代（交替）
④二階・住　⑤寺院・待　⑥太陽・係
⑦坂・始

4 ①使う　②味わう

アドバイス 3　④「二階《にかい》」は、建物《たてもの》の重《かさ》なりが二つあることを表《あらわ》します。「二回」ではありません。
⑥「太」を「大」としないように注意《ちゅうい》しましょう。

5 国語辞典《じてん》の使《つか》い方／漢字《かんじ》の音《おん》と訓《くん》（86ページ）

1 ①ア　②ア　③イ　④ア

2 ①歩く　②うらやましい

3 ウ

4 ①イ　②イ　③ア　④ア　⑤イ　⑥ア

5 ①アにんき　イひとけ
②アとうすう　イあたまかず

6 ①記者・汽車　②合・会

アドバイス 1　①「じ」などのにごる音《おん》（だく音）は、にごらない音（清音《せいおん》）のあとにならんでいます。　②・③つまる音を表《あらわ》す「っ」（そく音）や「りゃ・りゅ・りょ」の「ゃ・ゅ・ょ」（よう音）は、ふつうの文字のあとにならんでいます。④「シール」のようなかたかなののばす音（長音）は、「シイル」のように読みます。

6 漢字《かんじ》を読もう書こう③（87ページ）

1 ①もの・し　②あぶら・き
③みずうみ・およ　④なみ・ちゅう
⑤よう　⑥なが　⑦ゆ・おん　⑧ふか
⑨かんじ　⑩ききゅう

2 ①アけ　イしょうか
②アみなと　イくうこう

3 ①投・打　②服・指　③家族・旅行　④昭
⑤根　⑥暗・横道　⑦橋・板　⑧様

4 ①拾う　②植える

アドバイス 3　①「投」と「打」は部首《ぶしゅ》が同じ漢字《かんじ》です。右側《みぎがわ》の部分《ぶぶん》に注意《ちゅうい》して書き分けましょう。

7 漢字《かんじ》を読もう書こう④　(88ページ)

1 ①うつく・し　②けん　③ちょうれい
④じんじゃ・ふく　⑤がっきゅう
⑥じゅうびょう　⑦れん・お
⑧みどり・どうろ　⑨だん　⑩かる

2 ①アしら　イちょうし
②アころ　イかいてん

3 ①物・死　②泳・決心　③港・波　④油・注
⑤湖・深　⑥湯・消　⑦気球・洋

4 ①流れる　②温かい

アドバイス **4**　①「流《なが》れる」と②「温《あたた》かい」は送《おく》りがなをまちがえやすいので、くり返《かえ》し書いておぼえましょう。

8 かくにんテスト①　(89ページ)

1 ①イ　②ウ
③〈れい〉しゅうかくすること。
④〈れい〉耳がよくなる

2 ①ア　②イ　③イ

3 ①手帳・消　②家族・住

アドバイス **1**　①直後に「もう帰ってしまうの。」とあるので、意外《いがい》だという気持《きも》ちを表《あらわ》す「えっ」が当てはまります。　③「とりごろ」とは、とるのにいちばんよい時期《じき》ということです。むすめは、父さんひとりでは無理《むり》なので、手つだおうと思っているのです。

9 正かくに読み取《と》ろう①　(90ページ)

■ ①〈れい〉葉にさわると、おじぎをするように葉を下げることから。
②ア　③動く　④ウ
⑤(右から)　2 1 3

アドバイス ■　③直前に「急《きゅう》に動《うご》くので」とあることから考えます。　④直前に「熱《あつ》いものを近づけただけでも動きます。」とあります。

10 正かくに読み取《と》ろう②　(91ページ)

■ ①まるで首をふるように　②ウ
③左まき・上
④〈れい〉より多く生長する運動。　⑤ア

アドバイス ■　①「まるで……のように」が、たとえの表《ひょう》げんが用いられている部分《ぶぶん》です。　③一つ前のだん落《らく》で説明《せつめい》されています。

11 漢字《かんじ》を読もう書こう⑤　(92ページ)

1 ①としょかん・くば　②てつどう・えき
③ぎん　④ば　⑤さけ・の
⑥れっしゃ・うご　⑦とかい　⑧と　⑨たい
⑩ぶしゅ　⑪つぎ

2 ①アたす　イじょしゅ
②アはな　イほうすい

3 ①五秒　②美　③福・神　④朝礼　⑤緑
⑥学級・談　⑦練・終　⑧研　⑨路　⑩軽

4 ①調べる　②転がる　③短い

アドバイス **3**　③「福《ふく》（幸福《こうふく》）」と「服《ふく》（洋服《ようふく》）」の書き分けに注意《ちゅうい》しましょう。　⑦「終」には「終《お》わる」と「終《お》える」という二通りの訓《くん》があります。
4　③「短《みじか》い」を「短かい」と書かないように注意しましょう。

12 漢字《かんじ》を読もう書こう⑥　(93ページ)

1 ①みや・まも　②み・はっけん
③にもつ・さだ　④やど・きゃく　⑤もの
⑥さむ・のぼ　⑦くる・くすり　⑧お・ば

2 ①アうつ　イしゃせい
②アやす　イあんしん

3 ①次・配　②都市・銀行　③酒　④飲・取
⑤部・旅館　⑥駅・列車　⑦鉄　⑧対

4 ①動く　②助かる　③放す

アドバイス **3**　①「つぎつぎ」というときは、「次々」のように「々」の記号《きごう》を使《つか》います。
⑧「おう対《たい》」とは、「相手《あいて》になって受《う》け答えをすること」です。
4　③「小鳥を放《はな》す。」と「友だちに話《はな》す。」の書き分けに注意《ちゅうい》しましょう。

13 こそあど言葉《ことば》／へんとつくり　(94ページ)

1 ①あそこ　②どちら　③こっち　④どの
⑤そんな

2 ①あの　②これ　③そっち(そちら)
④どんな(こんな・そんな・あんな)

3 ①村・林・校　②体・作・休
<①②とも順不同《じゅんふどう》>

4 ①てへん　②おおがい　③さんずい
④ちから　⑤ごんべん　⑥うかんむり
⑦いとへん

アドバイス **1**　「こそあど言葉《ことば》」は、指《さ》ししめすようなはたらきをする言葉です。「こ～」は自分に近いもの、「そ～」は相手《あいて》に近いもの、「あ～」は自分からも相手からも遠いもの、「ど～」はわからないものを指します。
3　①「相」は「きへん」ではなく、「県」や「真」と同じ「目（め）」の仲間《なかま》の漢字《かんじ》です。
②「化」は「にんべん」ではなく、「北」と同じ「匕（ひ）」の仲間の漢字です。

14 漢字《かんじ》を読もう書こう⑦　(95ページ)

1 ①ふえ・けんきゅう　②だいいち
③ひと・はこ　④わる・いき
⑤かな・かんそうぶん　⑥やまごや・ようい
⑦きょく

2 ①アえふで　イもうひつ
②アいそ　イきゅうこう

3 ①落・葉・写　②薬・安心　③宮・守・者
④宿・客・荷物　⑤寒　⑥苦　⑦出発

4 ①実る　②登る　③定める

アドバイス **3**　③「宮」は④「客」と字の形がにているので、書き分けに注意《ちゅうい》しましょう。また、③の、人を表《あらわ》す「もの」は、「物」ではなく「者」と書きます。　⑦「発」の上の部分《ぶぶん》の書きじゅんは、「フ ヲ ヺ 癶 癶」です。

4　②「山に登《のぼ》る。」を「坂《さか》を上る。」と区別《くべつ》して正しく書き分けましょう。

15 漢字《かんじ》を読もう書こう⑧　(96ページ)

1 ①こ・おんど　②にちょうめ・にわ
③おく　④いしゃ・びょうき
⑤にゅうがくしき・みかえ　⑥お　⑦はや
⑧はやお　⑨くやく　⑩すす・はこ

2 ①アあそ　イゆうえんち
②アあ　イかいはつ

3 ①笛・研究　②第一歩　③筆・感想
④急箱・用意　⑤悪・息　⑥局　⑦肉屋

4 ①等しい　②悲しい

アドバイス **3**　①「笛」の下の部分《ぶぶん》は、「田」ではなく、理由《りゆう》の「由」のように上につき出します。
⑥「局」の上の部分の書きじゅんは「一 コ 尸」と、左はらいを最後《さいご》に書きます。

16 かくにんテスト②　(97ページ)

1 ①〈れい〉おしべやめしべが動いて
②ウ
③〈れい〉花粉をなすりつけるため。
④ア

2 ①村　②助

3 ①寒・遊　②薬局・庫

アドバイス **1**　①直前の「花のなかには、……ものがあります。」の部分《ぶぶん》に書かれています。
③おしべが動《うご》く理由《りゆう》は直後に書かれています。
④直前でのべた「実《み》をつけ、たねを残《のこ》」すときのことを指《さ》すので「このとき」となります。

17 様子《ようす》を読み取《と》ろう　(98ページ)

■ ①ア　②ア　③イ　④ウ・ア・エ・イ

アドバイス ■　①「かもつれっしゃ」は、たくさんの貨車《かしゃ》を「れんけつき」でつないでいます。れっしゃが動《うご》き出すと、たくさんの「れんけつき」が「がちゃん　がちゃん　がちゃん」とつづけて音を出すのです。　②「がったん　ごっとん　がったん」と「ごっと　がった　ごっと　がった」は、どちらも「かもつれっしゃ」が走る音を表《あらわ》します。両《りょう》方《ほう》をくらべると、あとのほうがひとつひとつの言葉《ことば》が短《みじか》いので、スピードが上がっていく様子《ようす》が分かります。

18 様子《ようす》や気持《きも》ちを読み取《と》ろう　(99ページ)

■ ①ぼく　②どっしり　すわった
③山はだまって　④ウ　⑤イ・エ

アドバイス ■　②「どっしり　すわった」は、山が落《お》ち着《つ》いて重々《おもおも》しくそこにある様子《ようす》を表《あらわ》します。　④「うれしいとき」も「かなしいとき」も山は何も語らないけれども、いつも自分を見守《みまも》ってくれている山の温《あたた》かさを「ぼく」は感《かん》じています。
⑤「しっかりやれよ」「だいじょうぶだよ」などを使って、山を心の広い温かい人にたとえています。また、「山をみる」などの言葉《ことば》をくり返《かえ》し使《つか》ってリズムを生んだり、また、ひらがなを多く使って詩《し》にやさしい感じをもたせたりしています。

19 漢字《かんじ》を読もう書こう⑨　(100ページ)

1 ①せ・じ　②りょうしん・しま
③おも・よてい　④ちゅうおう
⑤ぜんぶ・か　⑥どうぐ・さ　⑦はんたい
⑧ほんしゅう　⑨べんきょう・う

2 ①アの　イじょうようしゃ
②アきし　イかいがん

3 ①庫・開　②今度・庭・遊　③病院・医者
④追・返　⑤五丁目・運送　⑥起立
⑦入学式

4 ①速い　②進む

アドバイス **3**　①「あーける」と読む字は、いくつかあるので、書き分けに注意《ちゅうい》しましょう。「戸を開ける。」「せきを空ける。」「夜が明ける。」のように書き分けます。　③「医」の書きじゅんは、「一 丆 丆 三 乒 矢 医」で七画です。

4　①「速《はや》い」は「すばやい」、「早い」は「ある時にくらべ、時こくや時期《じき》が前である」の意味《いみ》で、「足が速い。」「朝が早い。」のように書き分けます。

20 漢字《かんじ》を読もう書こう⑩　(101ページ)

1 ①むかし・へいわ　②きみ・しあわ
③しょうてん・ごう　④ま・む
⑤しなもの・ばしょ　⑥いのち
⑦いいんかい　⑧すみび

2 ①アと　イもん　②アととの　イせいり

3 ①世・乗用車　②両手・道具　③大事・予定
④海岸・去　⑤本州・島　⑥勉強　⑦勝
⑧中央　⑨反対

4 ①受ける　②全く

アドバイス **3**　⑤「州」の書きじゅんは「丶 ﾘ 少 州 州 州」と、左からじゅんに書きます。「島」と「鳥」は字の形がにているので注意《ちゅうい》しましょう。

21 慣用句《かんようく》・ことわざ／ローマ字 (102ページ)

1 ①イ　②ウ　③オ　④エ　⑤ア

2 ①イ　②ア　③イ

3 ①uwabaki　②asatte
③kôban　④Nippon

4 ①とかげ　②あまがっぱ　③ぼんおどり
④ふじさん　⑤きょうとし

アドバイス **3** ②「っ」（つまる音）は、すぐあとにつづく文字を重《かさ》ねて書きます。　③「こうばん」の「こう」は「コー」とのばす音なので「kou」ではなく、「^」（のばす記号《きごう》）を使《つか》って「kô」と書きます。　④地名や国名、人の名前は、はじめの文字を大文字で書きます。

4 ③「ん」（はねる音）のあとにa・i・u・e・o・yがつづくときには、音切《おんぎ》り（切るしるし）「’」を入れて書きます。音切りがないと「ぼのどり」と読むことになるので注意《ちゅうい》しましょう。　④「ふ」は「hu」「fu」、「じ」は「ji」「zi」とそれぞれ二通りの書き方があるので注意しましょう。

22 漢字《かんじ》を読もう書こう⑪ (103ページ)

1 ①あつ・ごおり　②かわ　③さら
④ぜんき・ぎょう　⑤りゆう
⑥はたけ・ぎんせかい
⑦どうわ・ぶんしょう　⑧そうだん
⑨けんたいかい・もう　⑩しゃしん

2 ①アあ　イゆうめい　②アそだ　イたいいく

3 ①平和・問　②商品・向　③記号　④住所
⑤君・委員　⑥命　⑦作曲　⑧昔・炭

4 ①幸せ　②整える

アドバイス **3** ①「平」の二画めは「とめ」ですが、三画めは「はらい」です。

4 ①の「幸せ」を「幸わせ」、②の「整える」を「整のえる」と書かないように、注意《ちゅうい》しましょう。

23 漢字《かんじ》を読もう書こう⑫ (104ページ)

1 ①まつ・き　②のうじょう・ひつじ
③うつく・は　④がくしゅう　⑤はなぢ
⑥ま　⑦めん・まめ　⑧だいめい
⑨しんちょう　⑩おも

2 ①アあらわ　イひょうし
②アあつ　イしゅうごう

3 ①暑　②皿・氷　③有　④皮　⑤前期・業
⑥童・文章　⑦畑・写真　⑧県　⑨相談
⑩世界　⑪理由

4 ①育てる　②申し

アドバイス **3** ②「皿」と「血」、「氷」と「水」は形がにているので、注意《ちゅうい》しましょう。　⑨「相」を、読み方が同じで、形もにている「想」と書きまちがえないようにしましょう。

24 かくにんテスト③ (105ページ)

1 ①どこかで　いま　②ウ　③ア

2 ①ウ　②ア　③イ

3 ①予定・問　②委員・相談　③島・中央

アドバイス **1** ①詩《し》の中で、何度《なんど》もくり返《かえ》されている言葉《ことば》をおさえます。　②四つの「どこかで　いま」の前に、自然《しぜん》の中で起《お》こっている、さまざまなことが書かれています。　③自然の中で、さまざまな出来事《できごと》が起こっているのを不思議《ふしぎ》だと思う気持《きも》ちを、「どこかで　いま」が四回もくり返されていることから読み取《と》ることができます。